上海市交通运输行业协会团体标准

上海市域铁路车辆基地设计标准(试行)

Design Standard for Shanghai Suburban Railway Vehicle Base (Trial Implementation)

T/SHJX 0017—2020

主编单位:中铁上海设计院集团有限公司
批准部门:上海市交通运输行业协会
施行日期:2021 年 4 月 1 日

同济大学出版社

2022 上海

图书在版编目(CIP)数据

上海市域铁路车辆基地设计标准：试行/中铁上海设计院集团有限公司主编. —上海：同济大学出版社，2022.6

ISBN 978-7-5765-0175-9

Ⅰ.①上… Ⅱ.①中… Ⅲ.①城市铁路—铁路车站—建筑设计—设计标准—上海 Ⅳ.①U239.5-65

中国版本图书馆 CIP 数据核字(2022)第 041006 号

上海市域铁路车辆基地设计标准(试行)

中铁上海设计院集团有限公司 **主编**

责任编辑 朱 勇
责任校对 徐春莲
封面设计 陈益平

出版发行 同济大学出版社 www.tongjipress.com.cn
(地址：上海市四平路 1239 号 邮编：200092 电话：021 - 65985622)
经 销 全国各地新华书店
印 刷 江苏凤凰数码印务有限公司
开 本 889mm×1194mm 1/32
印 张 4
字 数 108 000
版 次 2022 年 6 月第 1 版 2022 年 6 月第 1 次印刷
书 号 ISBN 978-7-5765-0175-9
定 价 45.00 元

上海市交通运输行业协会

沪交协(2020)第 143 号

上海市交通运输行业协会
关于发布《上海市域铁路岩土工程勘察规范(试行)》等4项团体标准的通知

经上海市交通运输行业协会第七届第三十九次秘书长办公会议批准,以下 4 项团体标准予以发布。

一、《上海市域铁路岩土工程勘察规范(试行)》(发布编号:T/SHJX 0014—2020);

二、《上海市域铁路噪声与振动控制技术标准(试行)》(发布编号:T/SHJX 0015—2020);

三、《上海市域铁路水文地质勘察规范(试行)》(发布编号:T/SHJX 0016—2020);

四、《上海市域铁路车辆基地设计标准(试行)》(发布编号:T/SHJX 0017—2020)。

特此予以发布。

上海市交通运输行业协会

2020 年 12 月 25 日

前　言

为适应上海市域铁路建设和发展需要，体现上海市域铁路的功能需求和技术特点，统一上海市域铁路建设标准，由上海市交通运输行业协会市域铁路分会组织相关单位编制上海市域铁路建设类技术标准体系，《上海市域铁路车辆基地设计标准》为其中之一。本标准由中铁上海设计院集团有限公司会同有关单位编制而成，借鉴了国内城际铁路、城市轨道交通和已建市域铁路的成熟经验，以团体标准《上海市域铁路设计规范（试行）》T/SHJX 002—2018、行业标准《铁路动车组设备设计规范》TB 10028—2016为基础，吸收了行业标准《城际铁路设计规范》TB 10623—2014、国家标准《地铁设计规范》GB 50157—2013 和上海市工程建设规范《城市轨道交通设计规范》DG/TJ 08—109—2017 中适应上海市域铁路特性的内容，同时参考中国铁道学会标准《市域铁路设计规范》T/CRSC 0101—2017 和中国土木工程学会标准《市域快速轨道交通设计规范》TCCES 2—2017，合理确定了上海市域铁路车辆基地的技术标准。

本标准贯彻落实了安全优先的原则，注重经济性和适用性，突出上海市地方特点，体现信息化、创新性、先进性等内容，除了对常规车辆基地设计作出规定外，还针对上海市土地资源紧张的实际情况，对特殊形式的车辆基地（如高架、地下、双层、上盖开发）的建筑消防疏散、防排烟、环境保护等方面进行了探索。

本标准共分 16 章，主要内容包括：总则；术语；一般规定；动车组；资源共享；功能和规模；选址及总平面布置；运用设施；检修设施；综合维修；物资总库；培训中心；救援与抢险；其他设施；相关专业设计；节能环保、劳动安全卫生。

本标准由上海市交通运输行业协会负责管理，由中铁上海设计院集团有限公司负责具体技术内容的解释。希望各单位及相关人员在执行本标准过程中，结合工程实践和科学研究，总结经验，积累资料。如发现需要修改和补充之处，请将有关意见、建议和资料反馈至中铁上海设计院集团有限公司《上海市域铁路车辆基地设计标准（试行）》编写组（地址：上海市静安区共和新路1265号；邮编：200070），以供本标准今后修订时参考。

授权委托单位：上海市交通运输行业协会市域铁路分会

主 编 单 位：中铁上海设计院集团有限公司

参 编 单 位：上海市城市建设设计研究总院（集团）有限公司
上海市隧道工程轨道交通设计研究院
中车青岛四方机车车辆股份有限公司
上海电气集团股份有限公司
上海市政工程设计研究总院（集团）有限公司

主 要 编 制 人：王亚丽 魏 静 李 栋 张中杰 朱蓓玲
梁才国 张祯健 冯建龙

参 与 编 制 人：刘建红 朱德荣 饶雪平 沈 利 王昌坤
王多田 王柄达 刘智平 许琳琪 于荣喜
陆 云 黄玲珍 向 荣 柏 锋 李 政
周 期 王卓瑛 何利英 沈继强 姚 幸
施培华 王立飞 王学亮 孙 懿 何 斌
张继光 冯 云 张振宇

主 要 审 查 人：陈茂华 郑青松 张圣军 忻铁朕 李 涛
杨 辉 马晓彤 郭泽阔 蒋顺章 朱 莉
贺苏赣 石建文 丁子全 钱建强

目　次

1 总　则

1.0.1 为统一上海市域铁路车辆基地(以下简称“车辆基地”)设计技术标准,满足“以人为本、安全可靠、功能合理、经济适用、节能环保、技术先进”等车辆基地设计要求,制定本标准。

1.0.2 本标准适用于新建设计速度为 200 km/h 及以下,采用交流 25 kV 供电制式的市域铁路车辆基地的设计。其他非新建市域铁路车辆基地可参照执行。

1.0.3 车辆基地包括动车段(运用所、停车场)、综合维修、物资总库、培训中心、救援与抢险和其他生产、生活、办公及相关专业配套设施。

1.0.4 车辆基地设计应符合城市总体规划、市域铁路线网规划和具体线路功能要求,并兼顾线网资源共享。

1.0.5 车辆基地设计年度宜分为初、近、远期,初期为交付运营后第三年,近期为交付运营后第十年,远期为交付运营后第二十年。车辆基地设计应统一规划,分期实施。站场股道、房屋建筑和机电设备等宜按近期需求设计,预留远期发展条件。近、远期规模变化不大或扩建困难时,可按远期规模一次建成。

1.0.6 车辆基地选址应避开生态保护红线、风景名胜区、基本农田保护区、保护建筑等特殊保护地区。

1.0.7 车辆基地设备设计应采用安全适用、先进成熟、经济合理、节能环保的新技术、新设备、新工艺及新材料,并符合国家现行有关标准的规定。

1.0.8 车辆基地设计宜结合先进的检测、监测方式以及大数据信息处理系统,提高作业的智能化、信息化,保证作业的准确性、适度性和及时性。

1.0.9 车辆基地设计应对所产生的废气、废液、固废、噪声等进行综合治理，并符合现行国家和上海市有关标准的规定。

1.0.10 车辆基地设计涉及既有河道、水利设施、既有道路、规划道路及重要管线迁改时，应取得水利、水务及市政相关部门的认可，相关迁改工程应同步施工。

1.0.11 车辆基地设计应符合国家节能、节地、节水、节材、环境保护和消防等有关法律法规的有关规定。

1.0.12 环境保护措施应包括噪声和振动治理、污水处理、废气和粉尘治理、固体废物储运、生态保护等工程与设施。

1.0.13 车辆基地安全生产、环境保护设施应与主体工程同时设计、同时施工、同时投产。

1.0.14 车辆基地内宜设置危险废弃物暂时存储设施设备，并符合国家及上海市相关法律法规的要求。

1.0.15 车辆基地物业开发应在保证车辆基地功能和规模的基础上，对股道布置、房屋建筑、供电、通风与空调、给排水及消防等设备设施与物业开发内容进行统一规划。

1.0.16 车辆基地设计除应符合本标准外，尚应符合国家及上海市现行有关标准的规定。

2 术 语

2.0.1 市域铁路 suburban railway

为都市圈中心城市城区联接周边城镇组团及其城镇组团之间提供公交化、大运量、快速便捷的轨道交通系统，是城市综合交通体系的重要组成部分。

2.0.2 动车组 electrical multiple unit(EMU)

以电力驱动，具有牵引动力、固定编组、在日常运用维修中不解编特征的车组，由动车车辆和拖车车辆组成。本标准中特指采用 AC 25 kV 单相工频交流制式的动车组。

2.0.3 车辆基地 base for the vehicles

包括动车段(运用所、停车场)、综合维修、物资总库、培训中心、救援与抢险和其他生产、生活、办公及相关专业配套设施。

2.0.4 动车段 EMU depot

承担配属动车组的存放、整备、各级检修、临修，同时承担网络内其他线路配属动车组的高级修(三～五级修)作业的场所。

2.0.5 运用所 EMU operation point

承担配属动车组的存放、整备、一二级检查、临修和存放作业的场所。

2.0.6 停车场 EMU stabling yard

承担动车组的存放及必要整备作业的场所。

2.0.7 综合维修 comprehensive maintenance facilities

满足全线线路轨道、路基、桥梁、涵洞、隧道、房建、道路、供电、通信、信号、信息和自动化等设施设备的维修、保养工作要求的设施设备和组织机构的总称。

2.0.8 物资总库 material storehouse

承担全线材料、配件、设备和机具及劳保用品等的采购、存放、发放任务和管理工作的基本生产单位。

2.0.9 培训中心 training center

负责组织和管理职工的技术教育和培训工作的场所，包括司机模拟驾驶装置及其他系统模拟设施、培训办公和生活用房，以及必要的教学设备和配套设施。

2.0.10 检修修程 inspection and repair schedule

根据动车组技术状态和寿命周期所确定的动车组检修等级划分。

2.0.11 检修周期 inspection and repair interval

动车组各级修程中两次检修的间隔，通常用走行公里或运用时间表示。

2.0.12 列位（台位） EMU maintenance bay

在存车线、检查线或检修线上，动车组存放、检查、检修作业所占用的场地。

2.0.13 动车组整备 EMU servicing

动车组车内外保洁等日常作业的统称。

2.0.14 检查库 inspection workshop

供动车组完成一、二级检查作业的车库。

2.0.15 检修库 maintenance workshop

供动车组完成三、四、五级检修作业的车库。

2.0.16 调试库 testing and commissioning workshop

供动车组完成三、四、五级检修后进行整车静态调试的车库。

2.0.17 临修库 incidental repair workshop

供动车组完成非计划内检修或故障性检修作业的车库。

2.0.18 不落轮镟轮库 wheel lathing workshop

配置不落轮镟床，供动车组完成轮对镟修工作的车库。

3 一般规定

3.0.1 动车组应满足快速运行、频繁起停、大载客量及公交化运行等运用需求，宜采用动力分散型编组形式。

3.0.2 动车组应确保在寿命周期内正常运营时的行车安全和人身安全，并具备故障、事故和灾难情况下对人员和动车组实施救援的条件。

3.0.3 动车组及其内部设施应采用不燃材料或无卤、低烟的阻燃材料。

3.0.4 动车组应采取减振和降噪措施，降低车辆振动和噪声对环境的影响。

3.0.5 车辆基地设计应结合既有地形地势、城市景观、市政道路以及既有建构筑物和地下管线之间的关系，集约利用土地资源，做好近、远期规划，并预留一定的发展用地，且应符合上海市域铁路线网规划和建设规划。

3.0.6 车辆基地依据承担功能不同，可分为：

1 动车段：承担配属动车组的一～五级检修、临修以及整备和存放任务，同时作为线网检修基地承担其他线路配属动车组的高级修任务。

2 运用所：承担动车组的整备、一二级检查、临修和存放作业。

3 停车场：承担动车组的存放及必要的整备作业。

3.0.7 车辆基地设备应满足配属动车组的各级检修、整备作业需求，实现对动车组的快速检修，提高动车组周转和使用效率。

3.0.8 车辆基地部分检修任务可充分利用社会资源，采用自主维修和委托维修相结合的检修方式。

3.0.9 综合维修设施宜按资源共享、集中管理的原则进行规划和布局。综合维修车间和工区宜与车辆基地同址设置。当与车辆基地同址合建时，相关线路的综合维修设施宜集中设置为一个综合维修车间。维修工区宜隶属于维修车间管理。

3.0.10 综合维修设施应满足线路、路基、轨道、桥梁、涵洞、隧道、房屋建筑和道路等固定建构筑物和设备的维修、保养以及供电、通信、信号、信息和自动化设备的维修工作的需要。

3.0.11 车辆基地内各类工业厂房建筑设计应符合现行国家标准《工业建筑节能设计统一标准》GB 51245 的有关规定。

3.0.12 车辆基地应设围蔽设施，其设计宜结合当地的环境和要求，选用安全、实用、美观的结构型式和材料。出入线、咽喉区股道线群外侧及动态试验线均宜设置隔离栅栏。

3.0.13 车辆基地内应有运输道路及消防车道，并应有不少于2个与外界公路或城市道路相连通的出入口。

3.0.14 车辆基地内应设置相应的安全标志、疏散指示标志和标识标牌。

3.0.15 地面车辆基地主体工程设计使用年限宜为50年，地下车辆基地主体工程设计使用年限宜为100年，并应符合环境保护的要求。

4 动车组

4.0.1 动车组编组型式应根据预测客流量，结合运输组织方案经技术经济比选后确定。编组辆数不宜大于 8 辆。

4.0.2 动车组供电方式宜采用 AC25 kV、50Hz。

4.0.3 动车组牵引动力配置应根据编组、加减速性能、旅行速度、故障运行能力、救援能力等因素综合确定。动拖比基本形式宜为 1∶1,2∶1,3∶1。

4.0.4 动车组主要技术参数应符合表 4.0.4 的规定。

表 4.0.4 动车组主要技术参数

项目		规格参数
车体基本长度(mm)	中间车	24 500
	头尾车	24 500+Δ
车体宽度(mm)		3 300
车体高度(mm)		3 880
落弓高度(mm)		≤4 640
地板面高度(mm)		1 280
固定轴距(mm)		2500
转向架中心距(mm)		17 500
车轮直径(mm)		860
车门宽度(mm)		1 500
车门对数(对)		2～3
轴重(t)		≤17

注:Δ 为司机室加长量。

4.0.5 动车组最高运营速度、加速度性能、减速度性能应满足

表 4.0.5的规定。

表4.0.5 动车组牵引制动性能

最高运营速度 V_{max}(km/h)	加速度(m/s^2)		减速度(m/s^2)	
	起动加速度(0→40 km/h)	平均加速度(0→V_{max})	常用	紧急
120	≥0.8	≥0.45	1.0	1.2
140		≥0.4		1.1～1.2
160		≥0.38		
200	≥0.65	≥0.3	0.9	1.0～1.12

注:1 加速度测试工况为额定载客量、额定供电电压,车轮半磨耗状态时,在平直干燥轨道上测试。

2 减速度测试工况为不论何种载荷工况,在平直干燥轨道上测试。

4.0.6 动车组故障运行和救援能力应符合下列规定:

1 动车组在超员载荷工况下,当损失 1/4 动力时,应具有在正线最大坡道上起动并运行至线路终点站的能力。

2 动车组在超员载荷工况下,当损失 1/2 动力时,应具有在正线最大坡道上起动并运行至最近车站的能力。

3 一列空载动车组应具有在正线最大坡道上牵引另一列相同编组、超员载荷的无动力动车组运行至下一车站的能力。

4.0.7 动车组检修宜采用状态修和计划性预防修相结合的检修制度,检修方式宜采用换件修,主要零部件宜采用专业修、集中修。

4.0.8 动车组以定期计划性预防修为基础,根据走行里程和时间实行不同等级的维护及检修,宜分为一、二、三、四、五级修。

4.0.9 动车组检修维护周期应根据具体的市域线路运用特点确定,宜采用表4.0.9中的建议参数。

表4.0.9　动车组检修周期

修程	检修周期	库停作业时间
一级修	运营里程6 000公里或144小时	≤2.5小时
二级修	6万公里或60天	≤25天/年
三级修	120万公里或4年	≤30天
四级修	240万公里或8年	≤45天
五级修	480万公里或16年	≤55天

注:动车组检修周期以运营里程和时间先到为准。

5 资源共享

5.0.1 上海市域铁路线网内车辆基地资源共享应包括动车组运用检修、综合维修、物资仓储、用地共址等资源共享，以及大型维护检测设备、计量、培训、救援抢险资源共享等。

5.0.2 车辆基地的布局、功能和设施设备的配置，应按照集中检修、分散存放、合并设置、综合利用的原则，根据市域铁路线网规划、行车组织运营方案和检修工作量统筹考虑，并宜与综合维修设施共址设置，减少用地规模，提高土地利用率，实现线网资源共享。

5.0.3 动车段的资源共享应遵循下列原则：

1 动车组高级修（三～五级修）应集中设置在动车段，实现线网动车组检修资源的共享。

2 动车组四、五级修可根据市域铁路线网规划、动车组检修工作量以及建设运营管理模式等因素，采用自主维修或委托维修模式。

3 动车组部件检修可充分利用社会资源，采用自主维修和委托维修相结合的检修方式。

5.0.4 运用所、停车场宜实现片区化管理，片区内线路具备共址条件的运用所或停车场宜合建，实现片区范围内动车组一二级修、运用存放资源共享。

5.0.5 综合维修的资源共享应遵循下列原则：

1 综合维修机构可根据线网规模，采用自主维修、委托维修或自主与委托相结合的维修管理模式进行设置。

2 固定设施的大中修作业宜结合当地社会资源及市域铁路线网规模，采用委托维修。

3 综合维修大型工程车辆，应结合全网规模，按资源共享原则配置。

5.0.6 培训设施的资源共享应遵循下列原则：

1 全线网宜统筹设置培训中心。

2 培训中心宜设于车辆基地内并共用生活设施，对职工的实际操作训练宜利用车辆基地既有设施。

5.0.7 救援与抢险设施应结合线网分布统筹考虑，均匀合理布点，保证全网线路救援抢险需要。

6 功能和规模

6.0.1 车辆基地应具有动车组管理功能、检查整备功能、检修功能、零配件储存配送功能、信息化管理功能、综合维修功能、培训功能、救援抢险功能及其他辅助功能。

6.0.2 车辆基地规模应根据列车开行对数、列车编组、配属动车组数量、检修周期和检修时间计算确定。

6.0.3 车辆基地配属动车组数量可按下式计算确定：

$$N_{配属}=N_{运用}+N_{检修}+N_{备用} \tag{6.0.3}$$

式中：$N_{配属}$——配属动车组数量(列)；

$N_{运用}$——运用动车组数量(列)；

$N_{检修}$——二、三、四、五级检修作业所需动车组数量之和(列)；

$N_{备用}$——备用动车组数量(列)。

6.0.4 车辆基地一～五级检修列位数量应根据各自年检修工作量、年工作天数、作业时间、不均衡系数分别按下式计算：

$$H=S\cdot T\cdot \beta/D \tag{6.0.4}$$

式中：H——检修库列位数(列位)；

S——年检修工作量(列)；

T——库停作业时间(d)，见表4.0.9；

β——不均衡系数，一、二级修取值1.1，三、四、五级修取值1.2；

D——年工作天数(d)，一、二级修为365 d，三、四、五级修为250 d。

7 选址及总平面布置

7.0.1 车辆基地选址应符合下列规定：

1 用地应符合城市总体规划，满足功能和布置要求及远期发展需要。

2 有良好的接轨和收发车条件，减少空车走行距离。

3 具有良好的市政接驳条件，便于电力、自来水、燃气等管线引入，便于雨污水管线接驳，便于市政道路连接；车辆基地主干道路应与城市道路相连通。

4 宜避开工程地质和水文地质不良的地段，并应具有良好的自然排水条件。

5 应减小对既有高压电力线的影响。

7.0.2 车辆基地出入线的设计应符合下列规定：

1 出入线宜在车站接轨，并宜设在始发终到动车组较多的车站附近。

2 出入线应按双向运行设计，并应避免切割正线。

3 出入线与正线的接轨形式应满足正线设计运能要求。

4 出入线设计应根据行车和信号要求留有必要的信号转换作业长度。

7.0.3 车辆基地总平面布置应符合下列规定：

1 总平面布置及用地范围应按远期规模确定，检修库、厂房组合、建筑物和机电设备等可按近期规模实施。

2 车辆基地应根据生产工艺、环保、防火、卫生、通风、采光等方面的要求，并结合地形、地质、水文、气象等自然条件，布置建筑物、线群、道路、管线及绿化等设施。

3 动车段和运用所宜采用纵列式布置，受地形条件限制且规模较小时,也可采用横纵结合式或横列式布置。

4 车辆基地股道应采用自动化集中控制管理。

5 动车组检修、检查作业宜分线设置。检查应采用定位作业,检修可采用定位或流水作业。

6 当车辆基地内道路无法满足运输、消防要求的转弯半径时,应设置回车场地。

7 空压机、变配电等动力设施,宜设置在相关的负荷中心附近。

8 产生噪声、冲击振动或易燃、易爆的车间宜单独设置,并满足相关防火标准要求。

7.0.4 车辆基地应根据需要配置出入线、走行线、牵出线、存车线、车体外皮清洗线、检查库线、检修库线、不落轮镟轮线、临修线、吹扫线、静态调试线、动态试验线、材料运输线等线路。

7.0.5 车辆基地内线路数量应符合下列规定:

1 出入线数量应根据存车规模确定。出入线不应少于2条,与正线宜采用立体交叉。停车场规模在12列位及以下时,可设1条出入线。

2 存车线数量宜根据动车组周转图(表)确定。

3 检修(检查)库线应根据工作量计算确定,检查库线不宜少于4条,检修库线不宜少于2条。

4 车体外皮清洗线数量应根据运用动车组清洗作业量及清洗装置作业时间计算确定。

5 临修线不应小于1条。

6 不落轮镟轮线应根据运用动车组镟轮作业量、镟轮作业时间计算确定。

7 静态调试线应根据检修作业量计算确定。

8 牵出线数量应结合车辆基地规模和作业流程设计。

7.0.6 车辆基地内线路长度应符合下列规定:

1 存车线应满足1列车长加安全距离的要求。存车线停放

2 列以上动车组时，存车列位之间应设置分隔标识，存车线长度应根据动车组长度、安全距离和信号设置方式确定。

2 车体外皮清洗线可采用贯通式布置，当地形受限时，可按尽端式或八字形往复式布置。当采用固定式洗刷装置时，其有效长宜按库前后各 1 列车长加洗刷装置长度及安全距离确定，其中直线段长度应为洗刷装置长度加设备前后各 1 节车体长度。采用移动式洗刷设备时，宜为 1 列车长加安全距离，且应为直线段。

3 人工清洗线长度与存车线长度要求相同，可与存车线合设。

4 轮对踏面及受电弓检测棚两端宜各设置 1 节车长的直线段，直线段处应为平道。

5 临修线、不落轮镟轮线有效长应按库前后各 1 列车长加安全距离设置，其中直线段长度不小于设备长度与设备前后各 1 节车体长度之和。

6 牵出线有效长不应小于 1 列车长、牵引工程车长与安全距离之和。

7 静态调试线长度应满足整列车静止调试停放需要。

7.0.7 车辆基地内线路间距不应小于表7.0.7的规定。

表7.0.7 车辆基地内线路间距

序号	线路名称	线路间距(m)	
		正常情况	困难情况
1	存车线之间	4.6	—
2	整备线(人工清洗线)之间	6.0	—
3	整备线(人工清洗线)与存车线之间	6.0	5.5
4	检查库线之间	7.0～8.0	—
5	检修库线之间	8.0～12.0	—
6	出入线	5.0	—

注:1 表中线间距未考虑股道间有接触网支柱。
2 存车线布置在弯道上时，线间距应适当加宽。

7.0.8 存车线数量较多时宜分线束布置，线束间宜设置车行或人行道路。

7.0.9 存车线之间宜采用步行板或细石道砟填平至轨底，根据需要可设置司乘人员登车台。

7.0.10 车辆基地内电化股道应根据工艺需要设置接触网、隔离开关和分段绝缘器。外皮清洗装置、轮对踏面及受电弓检测装置、检查（修）库的设备或库房端部应设置隔离开关和分段绝缘器。

7.0.11 车辆基地内建筑物之间的通道宽度应符合消防、安全及卫生规定，并应满足修建道路、敷设各种地下和架空管线以及绿化等要求。

7.0.12 车辆基地内应有完整、有效的雨水排水系统及生产生活污废水排放系统，并应与市政排水系统连通。

7.0.13 采用全自动运行系统的车辆基地设计应符合下列规定：

1 车辆基地应根据功能分区设置自动化区域和非自动化区域，两个区域宜分别集中布置，管理分界处应设置模式转换区。

2 存车线、洗车线、检查库线宜列入自动化区域；临修及镟轮线、检修库线宜列入非自动化区域；动态试验线可根据实际情况确定。

3 车辆基地内自动化区域和非自动化区域应采用物理隔离，通道处设置门禁，经授权后方可进入。

4 车辆基地自动化区域洗车设备应具备全自动洗车功能。

5 车辆基地自动化区域股道有效长及转换轨长度应符合全自动运行的需要。

8 运用设施

8.0.1 动车组运用设施应根据配属动车组的存车、整备、一二级检查、临修、镟轮作业要求设计。

8.0.2 运用所应设置存车线、检查库及辅助车间、临修库、不落轮镟轮库、车体外皮清洗库、受电弓及轮对踏面检测装置，并配置走行部检测设备、零部件存储设备、空调检测及空调滤网（筒）清洗设备、动车组管理信息系统、动车组运行安全监测系统等。

8.0.3 检查库设计应符合下列规定：

1 检查库长度应按下式计算确定：

$$L_c=(L+0.5)\times N+(N-1)\times 8+L_x\times 2+6\times 2 \quad (8.0.3)$$

式中：L_c——检查库长度(m)；

L——动车组长度(m)；

0.5——停车误差(m)；

N——每条线进行作业的动车组列数(列)；

8——各列位间通道宽度(m)；

L_x——车库一端斜坡长度(m)；

6×2——车库两端横向通道宽度各 6 m。

2 检查库长度计算结果可根据厂房组合情况和建筑、结构设计要求等作适当调整。

3 检查库宽度应根据库线数量、线间距、作业场地、设备尺寸、人行及运输通道等计算确定，检查库线间距可按表7.0.7选用，库内外侧股道中心距车库侧墙距离不宜小于4.0 m。

4 检查库高度应根据检修作业人员在车顶作业高度加安全距离及接触网导线高度综合确定。

5　检查库前直线段长度不宜小于20 m。

8.0.4　检查库内设备设置应符合下列规定：

1　检查库前应设置接触网分段绝缘器、带接地的隔离开关，库内应设接触网及与隔离开关联锁的声光警示装置。检查库采用一线两列位布置形式时，两列位之间应能独立供断电，并设置接触网分段绝缘器。

2　库内股道宜采用柱式检查地沟，并应设立体检查作业平台及作业人员安全防护设施，平台下、地沟内应设照明设备。

3　库内应设置安全监控系统，其数据应纳入动车组管理信息系统。

4　库内可根据需要设置动车组地面测试用电源等设备设施。

5　移动轮辋轮辐探伤设备可根据作业需要配备，设备走行轨应设置在股道间地沟内。

6　每两节车厢宜设置1处上下水设施及保洁机具用电插座。

7　柱式检查地沟深宜为1.5 m～1.7 m，宽宜为1.2 m。

8　立体检查作业平台高度应根据车辆参数确定，其中底层作业面标高宜为−0.95 m（以轨顶标高±0.0计），二层作业平台高度宜略低于车厢地板面，三层作业平台高度应满足车顶作业需求。

8.0.5　检查库辅助车间宜在边跨集中设置，配备动车组检修检测、备品工具、生产管理、班组间休用房及通信机械室、变电所等。

8.0.6　临修库应按完成故障转向架或轮对及大部件的更换、处理动车组应急故障等工作范围进行设计，并应符合下列规定：

1　临修库长度宜根据单节车临修作业时更换单个转向架及车体作业需要确定；临修库宽度及高度应根据检修工艺、车辆限界、运输作业通道、车顶作业需要、起重机结构尺寸等因素计算确定。接触网引入库内时，还应考虑接触网高度与安全距离。

2　临修库应配置转向架(轮对)更换设备、起重设备,库内应有备用转向架(轮对)及大部件存放场地。

3　库内宜设不小于1节车长度的作业平台与防护网。

4　临修库可采用公铁两用车作业模式或设置活动刚性接触网侧移设备作业模式。

5　接触网引入库内时,可采用活动式刚性接触网,并应设置安全监控系统。

8.0.7　不落轮镟轮库应符合下列规定:

1　库内应设置不落轮镟轮设备及公铁两用车,不落轮镟床数量及形式应根据镟轮作业量计算确定。起重设备可根据需要设置。

2　不落轮镟轮设备基础前后宜各设1节车体长度的整体道床。

3　不落轮镟床与轮对踏面诊断装置间应设数据传输通道。

4　不落轮镟轮库可与临修库合设。

8.0.8　轮对踏面诊断装置应采用贯通式布置,并应设置挡光棚。踏面诊断数据应通过动车组管理信息系统传输至车辆基地综合调度室。轮对踏面诊断设备宜与受电弓动态检测设备合设在一处。

8.0.9　车体外皮清洗设备应设置清洗水处理及循环使用系统。清洗线两端应设隔离开关和分段绝缘器,头车清洗位置可设无电区。人工清洗线应设置给排水、隔离开关、照明设备及硬化地面。

8.0.10　动车组存车线应设安全监控装置、照明设备、消防设施、登车平台、停车标识牌,必要时可设置动车组外接电源。有人工洗车及二级修除尘作业的股道,应设隔离开关、水电接口及硬化地面。

8.0.11　运用设施设备应满足特殊形式车辆基地(高架、地下、双层、上盖开发等形式)对空间、安全、消防、环保等的要求。

9 检修设施

9.0.1 动车组检修设施应根据配属动车组的三、四、五级检修作业要求和动车组检修规程进行设计。

9.0.2 车辆基地检修库应根据检修需要设置三级检修库、四五级检修库、转向架检修库、车体检修库、车体涂装库、静态调试库、部件检修库等。

9.0.3 检修厂房应集中布置，主要检修库宜联跨布置，工艺联系密切的生产车间宜与主检修库相邻。检修库设计应使工艺顺畅合理，流程最短，并应综合布置供热、供风、供水、供电、供气等管网。

9.0.4 动车组检修可根据作业量采用定位修或流水修方式，作业量大时，宜采用流水线检修方式。检修库设计应符合下列规定：

1 检修库规模应根据检修工作量、检修方式和检修时间计算确定。

2 检修库长度应根据动车组长度、检修工艺流程、运输通道宽度、厂房组合情况和建筑、结构设计要求等因素确定。

3 检修库宽度应根据库线数量、线间距、作业场地、设备尺寸、人行及运输通道、起重量要求及起重设备跨度等计算确定，检修库线间距可按表7.0.7选用，库内外侧股道中心距离库侧墙距离不宜小于5.0 m。

4 检修库高度应根据检修工艺、车辆限界、车顶作业、起重机结构尺寸等因素确定。接触网引入库内时，还应考虑接触网高度与安全距离。

5 检修库前直线段长度不宜小于 20 m。

6 库内应设动车组检修管理系统设备及接口。

9.0.5 三级检修库设计除应符合本标准第9.0.4条规定外，尚应符合下列规定：

1 库内应配备整列更换转向架设备，宜采用地坑式架车机。

2 库内可设置立体检修作业平台，平台下宜设照明及检修电源设备。

3 库内宜设转向架、轮对及大部件的起重及地面运输设备。三级检修库与转向架检修库之间应设置转向架运输轨道，配备转向架转盘及牵引车。

4 库内可设置刚性侧移接触网及安全监控系统。

9.0.6 四五级检修库除应符合本标准第9.0.4条规定外，尚应符合下列规定：

1 库内应设置动车组解编及组编列(台)位，台位处宜设置地沟及作业平台。地沟长度应根据作业需要确定，且不宜少于1节车长度。地沟内、平台下宜设照明设备及检修电源。

2 库内应设转向架、轮对及大部件的起重及运输设备。四五级检修库与转向架检修库之间应设置转向架运输轨道，配备转向架转盘及牵引车。

3 库内应设车体外部、底部清洁设备，清洁区宜采取围蔽设施。

4 库内应配备固定式轮重检测装置、车体气密性试验设备、单辆架车设备、动车组单节与单元调试设备等。架车设备可采用移动式或地坑式，且应满足头车及中间车架车位置需求。

5 动车组出入库宜采用公铁两用车牵引。

9.0.7 静态调试库设计应符合下列规定：

1 静态调试库长度、宽度及高度可参照本标准第8.0.3条确定。

2 库内股道宜采用柱式检查地沟，股道两侧应设作业平台及作业人员安全防护设施。

3 库内应配备调试电源、公铁两用车、制动系统试验装置等设备。

4 库内应设置接触网，并设置安全监控及门禁系统。库前应设隔离开关，隔离开关应与安全监控系统联锁。

5 宜按一线一列位布置；困难条件下，可采用一线两列位布置，两列位之间应能独立供断电，并设置接触网分段绝缘器。

9.0.8 转向架检修库设计应符合下列规定：

1 转向架检修包括转向架构架、轮对、车轮、车轴、轴承、轴箱、牵引电机及附件等，可根据检修需要采用检修流水线或分区检修作业形式。三、四、五级检修要求不同时，可分别设置流水线或作业区。

2 转向架检修库应靠近主要检修厂房，库间转向架的运输宜采用轨道运输方式。

3 各流水线（作业区）之间应设置运输通道，通道宽度不宜小于2.0 m，通道地面承载力应根据运送的最大载荷部件确定。

4 轮对、车轮、车轴、轴承、轴箱等存储可采用立体存储方式。库内可根据工艺要求配备起重运输设备。

9.0.9 车体检修库设计应符合下列规定：

6 车体检修库应配备满足车体部件的拆解、检修、组装、试验作业需要的设备，包括大部件起重运输设备。

7 库内应按车体检修台位布置，台位处宜设置固定式检修作业平台，平台长度宜与车体长度相同，平台面高度宜与工艺转向架支撑时的车厢地板面平齐。

8 车体检修台位数量应根据检修任务量、检修工艺和台位作业时间计算确定。

9 车体在库间转移可采用移车台形式。车体上下移车台宜用公铁两用车牵引。

10 车体检修库高度应根据工艺转向架高度及车顶部件的吊装作业需要确定。

9.0.10 车体涂装库应根据线网资源共享原则统筹设置，涂装库应具备车体预处理、打磨、喷涂、干燥、标记等功能，库内台位数量应满足四、五级检修作业量要求，喷涂及干燥台位宜分别设置。涂装库应配备漆雾处理设备。库内设备及电器防爆设计应符合相关规定。

9.0.11 动车组部件可采用自主维修和委托维修相结合的检修方式。采用自主维修方式时，应设置部件检修库，部件检修库宜靠近检修库布置，并按修程要求配备检修设备；采用委托维修方式时，宜在动车段内提供作业场地或部件存放场地。

9.0.12 通过式轮重检测装置可根据检修需要设置在三级检修库、静态调试库等处所，其两端股道应设置不小于1节车长的平直道。

9.0.13 动车段或运用所应设置吹扫除尘设施及辅助生产房屋。

9.0.14 动车段内宜设动态试验线，其设计应符合下列规定：

1 动态试验线的有效长应根据动车组性能、列车长度及试车要求计算确定。动态试验线两端应设滑移式缓冲车挡，并采取封闭措施。

2 动态试验线宜为平直线路，困难时线路端部可根据该线段的试车速度设置适当的曲线。动态试验线的其他技术标准应与正线标准一致。

3 车辆基地受用地条件限制，动态试验线无法满足全速试车条件时，可按最高试车速度不低于60 km/h设计，并应考虑在符合线路条件的正线试车。

4 动态试验线宜在适当位置设置检查坑和试车设备房屋，检查坑长度不宜小于1/2列车长度加5 m，坑内应有照明和排水设施。

5 动态试验线应设接触网，并应单独设隔离开关。

9.0.15 动车组检修作业应配备必要的拆装、清洗、探伤、检测、试验设备、检修专用工具等。

9.0.16 检修设施设备应满足特殊形式车辆基地（高架、地下、双层、上盖开发等形式）对空间、安全、消防、环保等的要求。

10 综合维修

10.1 基本要求

10.1.1 综合维修设施设备应根据运营天窗时间和专业修、机械修、集中修的要求配置。

10.1.2 综合维修模式宜结合当地社会资源及市域铁路线网规模确定，固定设施的大中修作业宜采用委外修，专项机电设备的维修宜外委当地专业队伍或工厂承担。

10.1.3 综合维修设施根据其规模和工作范围宜分为综合维修车间和综合维修工区，实行车间集中修和工区现场维保模式。

10.1.4 综合维修车间应承担基础设施的维修管理工作，承担各项基础设施和系统设备的动态检测、综合维修和紧急抢修等工作，以及各类工程车组的运用、检修和管理工作。

10.1.5 综合维修工区应承担基础设施的巡检、日常养护、临时补修和抢修等工作。

10.1.6 综合维修车间和综合维修工区应配置生产用房、仓库和办公、生活用房。应根据作业性质结合车辆基地总平面布置的具体情况进行布局，生产用房宜合建为综合维修楼；办公用房宜与车辆基地办公用房合建为综合办公楼；食堂、浴室等生活用房宜与车辆基地同类设施合并设置。

10.1.7 综合维修车间和综合维修工区的供配电、压缩空气、供水等设施应利用车辆基地的相关设备和设施。

10.2 车间组成与设施

10.2.1 综合维修车间和综合维修工区的总平面布置，应确保工艺流程顺畅，避免流程交叉和相互干扰。

10.2.2 综合维修车间所属检测部门，应承担桥梁、隧道、房屋建筑、轨道、接触网、通信、信号等基础设施的动态检测、质量状态分析并提出维修建议等工作。

10.2.3 综合维修车间宜根据各专业的性质设置工务车间、供电车间、机电车间、自动化车间、通号车间、建筑车间、工程车库等车间库房，并配备必要的办公、生活用房。

10.2.4 工务车间的组成及设施应符合下列规定：

1 宜由养护工区和修配工区组成，设工具材料室及车间办公室。

2 应负责全线轨道、道岔、路基的日常巡视、检查、养护及一般的紧急抢修处理工作，并负责线路的沉降监测、线路安全保护区范围内的控制与监测等。

3 应设置钢轨磨耗测量、轨道及道岔修整打磨、钢轨焊接、钢轨锯断及打孔等设备。

4 设有焊轨基地的车辆基地，应设置相应的线路、场地、焊轨、起重、运输等设施设备。

10.2.5 供电车间的组成及设施应符合下列规定：

1 应负责全线牵引供电系统设备的日常运行管理、巡视值班和日常维护、检修测试、事故抢修、材料供应等工作。

2 应设置高压试验间和电缆室、蓄电池、变电二次维护等生产用房、材料储存及办公用房。

3 应配置接触网静态几何参数检测、弓网动态参数在线检测、接触网检修作业车等设备，根据需要可配置全线供电系统安全运行生产管理平台。

10.2.6 通号车间的组成及设施应符合下列规定：

1 宜由通信分车间和信号分车间组成。

2 应负责全线通信、信号系统的保养、维护及检修工作。正线设备日常维修宜以现场检修（更换）为主，车间检修为辅；车载设备日常维修宜以车间检修为主。

3 通信分车间应根据作业要求配备测试仪器仪表、电缆及光缆专用工具、专用编程器等设备；信号分车间应根据作业要求配备测试诊断仪器仪表、转辙机测试仪、专用维护工具等设备。

10.2.7 机电车间的组成及设施应符合下列规定：

1 宜由巡检工区和修配工区组成。

2 应负责全线机电系统的巡检、保养和维修工作，并承担设备的一般性维修及中、小修，设备的大修工作可利用社会资源承担。机电设备应以现场检修为主，车间检修为辅。自动扶梯及电梯设备维修和定期检验应由具有专业资质的机构承担。

3 应根据作业要求配备机电设备测试仪器仪表等设备，机械加工设备应与车辆基地设施合用。

10.2.8 自动化车间的组成及设施应符合下列规定：

1 宜由自动售检票工区、综合监控工区、火灾报警工区和办公室组成。

2 应负责全线自动化系统的巡检保养和维修工作。

3 设备的日常维修及调试应以现场检查、更换为主，车间检修为辅。

4 应根据作业要求配备测试仪器仪表等设备，机械加工设备应与车辆基地设施合用。

10.2.9 建筑车间的组成及设施应符合下列规定：

1 宜由建筑工区、桥梁工区、隧道工区组成。

2 宜采用现场修理为主，建筑、桥梁、隧道的中修、大修宜利用社会资源。

3 应根据作业要求配备冲击钻、切割机、测距仪等设备，机械加工设备应与车辆基地设施合用。

10.3 大型工程车组配置

10.3.1 综合维修车间应结合全网规模，根据资源共享原则统筹配置轨道检测车、接触网检修车、钢轨探伤车、磨（铣）轨车、隧道清洗车等大型工程车辆以及钢轨焊接车、轨道车、平板车等工程车辆，并配备相应的停放线及车库。

10.3.2 综合维修工区应根据抢修和维修时效性等要求，结合综合维修车间与综合维修工区设置距离，配备轨道车、接触网作业车、平板车等工程车辆，并配置相应的停放线和工程车库。

11 物资总库

11.0.1 车辆基地应设物资总库，承担市域铁路材料、配件、设备和机具及劳保用品等的采购、存放、发放任务和管理工作。

11.0.2 物资总库应结合市域铁路线网规模统筹设置，宜与综合维修车间集中设置。

11.0.3 物资总库宜设在动车段内，可在运用所或停车场内分设物资分库或材料库。

11.0.4 物资总库的布置宜靠近生产区域，方便领料，便于车辆运输；有条件时仓库内可设置轨道连通。

11.0.5 物资总库应设置各种仓库、材料棚以及材料堆放场地，并设置必要的办公房屋。

11.0.6 不同性质的材料和设备宜分库存放；存放易燃易爆品的仓库宜单独设置，并应符合现行国家标准《建筑设计防火规范》GB 50016 的有关规定。

11.0.7 各种仓库的规模应根据存放材料、配件和设备的种类和周转数量的需求确定。

11.0.8 具有网络资源共享或有特殊功能需求的物资总库宜采用自动化立体仓库形式，其他宜采用普通仓库形式；材料堆放场地应采用硬化地面。

11.0.9 物资总库应设置材料装卸线，应配备装卸起重设备和公路运输车辆。

11.0.10 物资总库应设防盗措施和监控系统。

11.0.11 物资总库宜配置物流管理系统。

11.0.12 物资总库(分库)区域宜独立设置装卸起重设备、电瓶搬运车、叉车等车辆的存放及充电场所。

12 培训中心

12.0.1 市域铁路宜结合线网规模集中设置培训中心，负责组织和管理职工技术教育和培训工作。部分培训设施可结合各线分散布局。

12.0.2 培训中心宜按专业设置培训部门，应设教学室、实验室、司机培训室、图书室、档案室、阅览室和教职工办公等用房，以及必要的教学设备和配套设施。

12.0.3 培训中心宜设于车辆基地内并共用生活设施，利用车辆基地的设施设备进行实际操作培训。

12.0.4 培训中心应配置司机模拟驾驶装置。

12.0.5 培训中心应设置练兵线，具备演练、操作接触网和道岔的功能。

13 救援与抢险

13.1 基本要求

13.1.1 救援抢险应包含线路运营过程中正线及车辆基地发生设施设备故障或各类事故灾害时所需进行的列车救援、设备设施抢修及人员救援。

13.1.2 救援人员应在收到救援指令后迅速到达救援现场，以“先人后物、先通后复”为原则，快速、有序、高效地开展救援抢险工作，并在确保安全的条件下尽快开通线路，恢复运营。

13.1.3 救援抢险应建立应急预案机制，根据救援事故类型启动相应应急预案。

13.1.4 列车救援应具备对运行车辆的轮对抱死、脱轨、挤岔、追尾、相撞、颠覆、脱钩、断钩、弓网故障、火灾、爆炸等中断运营的事故和灾害应急救援能力。

13.1.5 设施设备抢修应具备钢轨断轨、挤岔、水害、火灾、爆炸、接触网断线、供电线路短路、供电绝缘子破损、通信及信号系统故障等中断运营的事故和灾害应急抢修能力。

13.1.6 救援抢险以车辆基地为基本救援点，救援点应结合线网以资源共享为原则均匀合理分布，保证全网线路救援抢险需要；必要时，可在车站或区间另行增设救援点。

13.1.7 救援点的设置应满足救援点至可进入事故救援现场最近点的时间不大于 30 min。

13.1.8 与国家铁路联通运营时，国铁动车组的列车救援由国家铁路局相关部门负责，市域铁路配合列车救援工作并开展设施设备抢修。

13.2 救援设施设备配置

13.2.1 救援办公室可与线网控制中心合设，并受线网控制中心指挥。救援办公室应配备相应的救援设备和设施，负责救援和抢修、设施设备的日常管理、维护和检修及人员的培训和演练等工作。

13.2.2 救援设施设备应配置相应的存放和维护检修用房，其位置应满足救援设施设备可以快速出入车辆基地的要求。

13.2.3 列车救援和应急抢险应同时具备通过公路和轨道两种途径进入事故现场进行救援和抢修的能力，救援用的轨道车辆宜利用车辆基地和综合维修中心的车辆，并应根据救援需要统筹配备专用地面工程车、指挥车和相关救援抢险设施。

13.2.4 列车救援设备宜配备内燃调机、救援汽车、救援专用指挥车、车辆起升、扶正、复轨、牵引、破拆等救援专用设备及相关照明、通信、发电、运输、吊装等辅助救援工具。

13.2.5 抢修设备宜按照工务、供电、通信、信号等专业相应配备。

13.2.6 列车救援设备宜由线网统筹设置。

14 其他设施

14.0.1 除运用设施、检修设施、综合维修、物资总库、培训中心和救援抢险设施以外，车辆基地还应设有其他设施，包括空压机间、车辆基地控制中心(DCC)、车辆基地综合办公楼、食堂、乘务员公寓、变配电设施、设备维修车间、门卫室、消防应急救援设施、垃圾收集处理贮运设施、水处理设施、绿化管理设施及汽车(非机动车)停放设施等。

14.0.2 空压机间应符合下列规定：

1 空压机应选择低噪声、节能型产品。

2 空压机的压力和容量、数量应根据生产所需气量及用风设备的需求确定，空压机数量不应少于2台；宜结合空压机的选型配置干燥、净化、除油等装置。

3 空压机间宜设置隔声值班室。在空压机组、管道及其建筑物上，应采取隔声、消声和吸声等降噪措施。

4 空压机间应设置在检修厂房等负荷中心临近位置。

5 运用所可采用移动式空压机，移动式空压机数量不应少于2台。

14.0.3 车辆基地内应设控制中心(DCC)，其功能应包括安防监控、列车运转调度、检修调度、防灾调度等，并应设有站场信号和正线行车调度作业的显示装置；当条件具备时，车辆基地控制中心(DCC)宜根据运营及运维一体化需求，与运营控制中心(OCC)合并设置；调度中心在车辆基地总平面布置中可单独设置，也可与办公楼等合并设置。

14.0.4 车辆基地综合办公楼应符合下列规定：

1 车辆基地综合办公楼应为运用设施、检修设施、综合维修、培训中心及后勤管理等的办公人员所使用，其功能应满足使用需求。

2 综合办公楼规模应根据办公定员运营模式及运营需求确定，其辅助房间及卫生间设置应满足现行行业标准《办公建筑设计标准》JGJ/T 67 的有关规定。

3 综合办公楼宜设置在离车辆基地主出入口相近的位置，并应与景观相协调。

4 综合办公楼宜南北向布置。

14.0.5 车辆基地食堂规模应根据各专业最大当班人数确定就餐人数，结合运营模式确定就餐次数。食堂规模、辅助用房及卫生间的设置应符合现行行业标准《饮食建筑设计标准》JGJ 64 的规定。车辆基地食堂宜单独设置，也可与综合办公楼等合并设置。

14.0.6 车辆基地内应设置乘务员公寓，乘务员公寓宜靠近检查库设置，其规模应根据所在车辆基地的远期运用车数及其定员、运转方式计算确定，并应符合下列规定：

1 乘务员公寓宜按每间 2 人设计，应设置独立卫生间。每层宜设置 1 间～2 间乘务员住宿用品存放间，首层需设置 1 间值班室。

2 当乘务员公寓与综合办公楼合并时，应设置独立出入口。

3 乘务员公寓宜配备乘务员用餐条件。

4 乘务员公寓规模可按下式计算：

$$C=[(Y\times P)\div B+D]\times(1+15\%) \qquad (14.0.6)$$

式中：C——公寓床位数；

Y——远期运用车数；

P——每列车司机定员数（可按7.6人/日均运用台日计算）；

B——轮班数（四班三运转取 4）；

D——基地调车司机数（可根据基地规模按 4 人～6 人考虑）。

14.0.7 车辆基地变电所设计应符合下列规定：

1 变电所宜设置在负荷中心。

2 应编写负荷计算表、计算电缆电压降值、编写经济技术比较表等确定变电所数量。

3 变电所宜设置在地面层。条件困难时，可设置在地下一层，并应满足设备吊装、运行环境温度的要求；变电所内不应有积水、滴水等情况。

4 变电所设置应满足高、低压电缆进出线要求，满足设备安装、运输要求；应避开建筑物伸缩缝、沉降缝及后浇带等位置；不应设置在厕所、厨房或经常积水场所的正下方，不宜与上述场所贴临。应考虑与周围环境、邻近设施相互协调。

14.0.8 车辆基地应设设备维修车间，其工作范围应包括下列内容：

1 负责车辆基地内检修工艺设备的管理和中、小修程的检修工作。

2 负责各种生产工具的维修和管理工作。

3 负责技术更新改造和小型非标准设备的制作任务。

14.0.9 设备维修车间应符合下列规定：

1 车辆基地生产设备应实行统一管理、集中检修。设备的大修宜对外委托或与外部协作进行。

2 车辆基地设备维修应根据机电设备和动力设施维护、检修的需要配备相应的电焊与气焊设备、电器检测设备、管道维修设备和起重运输设备等。

3 设备维修车间配置的通用机加工设备宜与车辆基地检修厂房中机加工间（或称机床间、配件检修间）的通用机加工设备合并设置。

14.0.10 垃圾收集处理贮运设施应避免设置在办公区域、设备存放区、排污管道上方或其他影响办公运营的区域，宜采用绿化进行遮挡。

14.0.11 车辆基地应配备消防监控系统和消防火灾应急救援设施，应根据火灾及事故的需要和特点，储备有关特种应急救援设施。

14.0.12 车辆基地宜设置绿化灌溉系统、绿化管养器械安置管理用房等绿化管理设施，并应符合现行国家标准《工业企业总平面设计规范》GB 50187的规定。

14.0.13 车辆基地内应设置机动车和非机动车停放设施。汽车停车场应设置大巴车的停车位及电动汽车充电桩。汽车停车位数量应符合现行国家标准《城市停车规划规范》GB/T 51149的规定，且不低于当地城市建筑物停车配建指标相关标准；应设置抢险汽车停放位，并宜设置汽车冲洗场地。

14.0.14 车辆基地定员数量应包括在全线定员的综合指标之内，车辆基地定员由动车组运用和检修、综合维修、物资仓储、后勤服务等系统的管理、生产、辅助生产、后勤服务等人员组成。

15 相关专业设计

15.1 站　场

15.1.1 车辆基地内线路平面应符合下列规定：

1 车辆基地内作业线路宜设在直线上，库内线路应设在直线上。

2 车场线平面曲线半径不应小于相邻道岔导曲线半径，且不应小于 250 m。连接曲线可不设缓和曲线。

3 长时间停留动车组的线路曲线半径不宜小于 400 m。

4 试车线宜为平直线路，困难条件下，在满足试车速度要求条件下可设适当曲线。

5 牵出线宜设在直线上，困难条件下，曲线半径不宜小于 300 m。牵出线不应设在反向曲线上。

15.1.2 动车走行线线路平面曲线半径根据设计速度选择，不宜小于 400 m，困难条件下不应小于 300 m。

15.1.3 车场线道岔不应小于 9 号，动态试验线标准宜与正线统一。

15.1.4 道岔至曲线间的最小直线段长度应根据曲线半径、道岔结构、曲线轨距加宽等因素计算确定，并应符合表15.1.4的规定。

表15.1.4　道岔至曲线间最小直线段长度

序号	道岔前后圆曲线半径 R(m)	最小直线段长度(m)			
		一般轨距加宽或曲线超高递减率 2‰		困难轨距加宽递减率 3‰	
		岔前	岔后	岔前	岔后
1	$R \geqslant 345$	2	0+	0	0+
2	$345 > R \geqslant 295$	2.5	$2.5+L'$	2	$2+L'$

续表15.1.4

序号	道岔前后圆曲线半径 R(m)	最小直线段长度(m)			
		一般轨距加宽或曲线超高递减率 2‰		困难轨距加宽递减率 3‰	
		岔前	岔后	岔前	岔后
3	$R<295$	7.5	$7.5+L'$	5	$5+L'$

注:1 L'为道岔跟端至末根岔枕的距离。
2 在困难条件下,道岔后直线长度可采用道岔跟端至末根长岔枕的距离$L'_{长}$替代表15.1.4中L'后的计算长度。
3 道岔岔后连接曲线的曲线半径应与相邻道岔规定的侧向通过速度相匹配,并不小于道岔导曲线半径。

15.1.5 相邻道岔间插入短轨的最小长度应符合下列规定:

1 两对向单开道岔间插入钢轨的最小长度,有动车组同时通过两侧线时不应小于12.5 m,无动车组同时通过两侧线时不应小于6.25 m。

2 两顺向单开道岔间插入钢轨的最小长度不应小于12.5 m,困难条件下不应小于 8 m。

3 通行动车组列车时,道岔间插入钢轨的最小长度不应小于12.5 m。

15.1.6 线路纵断面应符合下列规定:

1 车场线应设在平道上,困难条件下咽喉区可设在不大于6‰的坡道上。

2 牵出线宜设在平道上,困难条件下坡度不应大于 6‰。

3 动车走行线的最大坡度不宜大于 30‰,困难条件下不应大于 35‰。

4 通行列车坡段长度不应小于 200 m,不通行列车坡段长度不应小于 50 m。

5 相邻坡段的坡度差大于 5‰时,应采用竖曲线连接,竖曲线半径不应小于3 000 m。

6 道岔不应与竖曲线或变坡点重叠。

15.1.7 站场道路设计应符合总平面布置要求,满足功能和使用要求，有利运输、作业安全、方便生活，并应符合下列规定：

1 汽车道路行车速度，宜采用 15 km/h。

2 主要道路宽度不小于 7 m，次要道路宽度不小于 4 m。

3 道路曲线半径一般不小于 50 m，困难条件不小于 20 m。

4 交叉口处，路面内边缘最小转弯半径不应小于 9 m。

5 道路最大纵坡一般不大于 6%，困难条件下不应大于 8%；最小坡段长度一般不小于 50 m，困难条件下不应小于 25 m。

6 相邻坡段坡度差大于 2%时应设置竖曲线，竖曲线半径不应小于 100 m，竖曲线长度不应小于 20 m。

15.1.8 站场接口设计应符合以下规定：

1 车辆基地范围内接触网、各种建(构)物应系统设计、综合考虑，并与股道布置相协调。

2 道岔不应设置在路基与桥台连接处和平交道口。

15.2 路　基

15.2.1 站场路肩高程应高出最高地下水位或最高地面积水水位加毛细水强烈上升高度，再加0.5 m。若采取降低水位、设置毛细水隔断层等措施，可不受此限制。

15.2.2 路基面形状应根据路基面宽度、排水要求和路基填挖情况，设计为单面坡、双面坡或锯齿形坡。试车线和出入线路基面横向排水坡宜采用 4%，其他车场线路基面横向排水坡不宜小于 2%。一个坡面最大线路数量不应大于 3 条。

15.2.3 出入线、试车线路基面宽度应根据线路数目、线间距、轨道结构尺寸、曲线加宽、路肩宽度、接触网位置及基础宽度等计算确定。其他线路路基半宽不应小于 3 m。车场最外侧线路最小路肩宽度不应小于0.6 m。

15.2.4 路基基床应符合以下规定：

1 路基基床由基床表层和基床底层双层结构组成，基床厚度应符合表 15.2.4-1 的规定。

表 15.2.4-1 基床结构

轨道类型		基床厚度（m）	基床表层厚度（m）	基床底层厚度（m）
有砟轨道	出入线、试车线	1.5	0.5	1
	场内站线	1.2	0.3	0.9

2 基床表层优先采用 A 组填料，其次为 B1、B2 组填料，填料的最大粒径不得大于 150 mm。

3 基床底层可选用 A、B、C 组填料，使用 C 组填料时，塑性指数不应大于 12，液限不应大于 32%，否则应采取土质改良措施，填料的最大粒径不应大于 200 mm 或摊铺厚度的 2/3。

4 基床填料压实标准应符合表 15.2.4-2 的规定。

表 15.2.4-2 基床填料压实标准

部位	填料		压实标准		
			压实系数 K	地基系数 K_{30}（MPa/m）	7 d 饱和无侧限抗压强度（kPa）
基床表层	A、B1、B2 组填料		≥0.93	≥140	
基床底层	A、B、C 组填料	砾石、碎石类	≥0.91	≥130	
		砂类土（粉细砂除外）	≥0.91	≥100	
	化学改良土		≥0.91		≥350

15.2.5 路基本体填料应符合以下规定：

1 路基本体可选用 A、B、C 组填料或化学改良土填筑，填料最大粒径不应大于 300 mm 或摊铺厚度的 2/3。

2 路基本体填料的压实标准应符合表15.2.5的规定。

表15.2.5　路基本体填料的压实标准

部位	填料		压实标准		
			压实系数 K	地基系数 K_{30} (MPa/m)	7 d饱和无侧限抗压强度 (kPa)
路基本体	C组填料	细粒土、砂类土	≥0.90	≥80	
		砾石、碎石类	≥0.90	≥110	
	化学改良土		≥0.90		≥200

15.2.6　路基稳定、沉降控制应符合以下规定：

1　路基整体稳定安全系数应符合表15.2.6-1的规定。

表15.2.6-1　路基整体稳定安全系数

地基加固措施	天然地基、排水固结地基			复合地基或桩网结构		
	施工期		运营期	施工期		运营期
	填筑、预压期	铺架期		填筑、预压期	铺架期	
稳定安全系数	≥1.05	≥1.10	≥1.10	≥1.10	≥1.10	≥1.15

2　路基工后沉降控制值应符合表15.2.6-2的规定。

表15.2.6-2　路基工后沉降控制限值

轨道类型	一般地段工后沉降(mm)	桥台台尾过渡段工后沉降(差异沉降)(mm)	沉降速率(mm/年)
有砟轨道	≤300	≤150	≤60
无砟轨道	≤15	≤5	

15.2.7　软土及其他类型厚层软弱地基上的路基应进行路基稳定性、沉降检算；当稳定安全系数、工后沉降不满足第15.2.6条要求时，应进行地基处理。地基处理可按现行行业标准《铁路特殊路基设计规范》TB 10035和《铁路工程地基处理技术规程》TB 10106的有关规定设计，采用不同加固措施的地段应采取一定的过渡措施。

15.2.8 路堤边坡防护形式应根据周围环境、填料性质、气候条件、水文条件、边坡高度等确定，并应符合下列规定：

1 路堤边坡宜采用植物防护或骨架、空心砖结合植物防护形式。

2 当路堤填料不利于植物生长时，宜结合客土植生。

3 路基浸水地段受水流冲刷的路基边坡应根据水位、流速、流向及冲刷深度，采用抗冲刷能力强的防护措施。

4 土质路堑边坡宜采用植物防护或骨架、空心砖等结合植物防护形式。

15.2.9 路基支挡防护应符合下列规定：

1 支挡结构的设置位置及结构形式应结合地形地质条件、周围环境、征地、拆迁及工程投资等因素综合分析确定。

2 路堤及路肩支挡结构设计检算应考虑列车及轨道荷载。运架梁车通过时，还应考虑运架梁车等特殊荷载。

3 支挡结构设计时，所采用的荷载力系、荷载组合、检算、构造及材料等要求，可按现行行业标准《铁路路基支挡结构设计规范》TB 10025的有关规定执行，列车荷载应按市域铁路动车组的实际轴重计算其产生的竖向荷载作用，同时尚应按线路通过的重型设备运输车辆的荷载进行验算。

15.2.10 排水槽的设置应符合下列规定：

1 排水纵坡不应小于2‰，单面排水坡段长度不宜大于400 m。

2 横向排水槽不宜穿越出入线、试车线。

3 站场排水设置不应与接触网柱、雨棚柱基础等交叉。困难条件下可绕行，但不应降低排水能力。

4 排水系统应结合桥涵设置、排水管网、城市排水系统综合设计。

15.2.11 路基接口设计应符合下列规定：

1 路基接口主要为埋设于路基面的各种设备及基础预留条件。

2 路基地基处理时，应注意地基加固桩基与路基内埋设的各类管线、槽道、结构物基础之间的关系，避免位置冲突。

3 路基设置支挡结构时，应注意接触网、声屏障等结构物基础与支挡结构之间的关系；必要时，支挡结构可与接触网、声屏障等结构物基础合并设置。

15.3 轨 道

15.3.1 轨道结构应符合下列基本规定：

1 轨道应根据线下工程类型、不同功能划分及检修工艺要求选择结构形式。

2 轨道部件选型应在满足使用功能的前提下，考虑线网维护配件的资源共享和互换，实现少维修、标准化和系列化。

3 轨道结构设计应满足相关工程的接口技术要求。

4 有上盖物业开发的车场线，应根据开发的具体形式采取综合减振降噪措施。

15.3.2 轨道桥地段应根据工艺要求确定轨型，动态试验线应采用 60 kg/m 钢轨，其他车场线宜采用 50 kg/m 钢轨。不同轨型的钢轨连接时，应采用不短于6.25 m 的异型轨连接。

15.3.3 无砟轨道应采用弹性分开式扣件。有砟道床宜采用铁路标准弹条扣件，铺设 60 kg/m 钢轨时，应采用弹条Ⅱ型扣件；铺设 50 kg/m 钢轨时，应采用弹条Ⅰ型扣件。

15.3.4 有砟道床宜采用钢筋混凝土轨枕，铺设密度可按普通车场线1 440根/km、动态试验线1 680根/km 进行设计。

15.3.5 无砟轨道地段可采用钢筋混凝土短轨枕或长轨枕，铺设密度可按1 440根/km 进行设计，轨道桥地段应根据工艺要求经结构计算确定。

15.3.6 道床设计应符合下列规定：

1 道床形式应根据线下工程类型、不同功能划分及检修工艺要求合理确定。

2 库外线宜采用有砟道床，有砟道床应采用一级碎石道砟，道砟材料应符合现行铁路标准的有关规定。库内(外)装卸线、高架或架空层线路宜采用无砟轨道，无砟轨道地段可设置CPⅢ轨道控制网，线下工程的工后沉降和变形应满足无砟道床的铺设条件要求。动车走行线整体道床与碎石道床间应设弹性过渡段，过渡段宜采用刚度渐变法设置，过渡段长度应根据计算确定。

3 车场线采用有缝线路时，道床顶宽应为2.9 m；双层道床应为300 mm，其中面砟150 mm，底砟150 mm；道床边坡应为1∶1.5。

4 动态试验线采用无缝线路时，道床顶宽应为3.3 m；砟肩堆高应为0.15 m；双层道床应为450 mm，其中面砟250 mm，底砟200 mm；道床边坡应为1∶1.75。

5 库外平过道宜采用橡胶道口板。

6 库内线、材料装卸线的轨面应与邻近道路面相平，钢轨槽应设置橡胶嵌条。

15.3.7 道岔间的插入短轨长度除应符合站场相关规定外，尚应满足道岔结构的要求。道岔转辙器和辙叉部位不应设置在结构变形缝或梁缝上。道岔不应设置于路桥过渡段上，不宜设在路隧、路涵过渡段上。

15.3.8 动态试验线宜按一次铺设无缝线路设计，无缝线路设计执行现行行业标准《铁路无缝线路设计规范》TB 10015的有关规定；其他车场线设计宜采用有缝线路设计，有缝线路设计执行现行行业标准《铁路轨道设计规范》TB 10082的有关规定。

15.3.9 轨道附属设施及常备材料应符合下列规定：

1 库内线宜采用简易车挡，当采用全自动运行系统时，库内线宜采用固定液压式车挡；牵出线及动态试验线宜采用滑移式缓冲车挡；其他库外线宜采用固定式车挡。

2 线路及行车标志可参照执行现行行业标准《铁路轨道设

计规范》TB 10082 的有关规定，标志的类型、数量和安装可根据运营及养修部门的要求合理调整。

3 轨道常备材料可按现行行业标准《铁路轨道设计规范》TB 10082 的有关规定办理。

15.3.10 轨道接口设计应符合下列规定：

1 线下基础工后沉降和变形应满足无砟轨道铺设条件。道口及两侧线路路基、库内检查坑或车库门等土工构筑物基础的基底应统筹处理，减少不均匀沉降。

2 轨道结构设计应考虑信号设备、综合接地系统要求。

3 信号、供电等相关专业应明确钢轨钻孔位置及数量，钻孔的直径、间距等应满足轨道要求，钻孔应按规定进行倒棱处理。

15.4 建 筑

15.4.1 建筑设计应遵循适用、经济、绿色、美观的方针，并符合下列规定：

1 建筑总体布局应符合城市规划、城市综合交通规划、环境保护和城市景观的要求，并应处理好与周边建筑、城市道路、市政管线、地下构筑物及施工时交通组织之间的关系。

2 单体建筑功能布局应满足工艺及房屋功能的要求，满足卫生、通风、采光等要求，布置紧凑，便于管理，并宜采用标准化、集约化设计。

3 建筑形式应适用、美观，体现地域特征和时代风貌，生产房屋注重体现工业化建筑内涵。

4 建筑设计应采取节地、节能、节水、节材和保护环境的技术措施。车辆基地内的办公楼、培训中心、宿舍、食堂等公共建筑，其围护结构的热工设计应执行现行上海市工程建设规范《公共建筑节能设计标准》DGJ 08-107 的有关规定。

5 车辆基地内的办公楼、培训中心、宿舍、食堂等公共建筑应进行无障碍设计。

6 建筑应易于检修和维护保养，合理设置设备运输通道和维护设施。

15.4.2 检查（检修）库及辅助车间、综合维修中心、临修库、不落轮镟轮库、轮对检测棚、车体外皮清洗库、物资总库、控制中心等生产用房的设置位置、规模，应根据运输组织模式、运营管理方式等需求确定。

15.4.3 建筑防火设计应符合现行国家标准《建筑设计防火规范》GB 50016、《建筑内部装修设计防火规范》GB 50222等的规定。

15.4.4 车辆基地总图布局应符合下列规定：

1 车辆基地内应设置不少于2条与外界道路相通的消防车道，并应与基地内各建筑的消防车道连通成环形消防车道。

2 消防车道不宜与列车进入咽喉区前的出入线平交。与基地内其他线路平交时，应设置备用车道，且两处平交道之间的距离不应小于1列车的长度。

3 检查库、检修库、部件检修库、物资总库及易燃品库等库房周围应设置环形消防车道。

4 易燃品库应独立布置，宜布置在空旷地带，并应按存放物品的不同性质分库设置。

15.4.5 车辆基地涂装库及其预处理车间宜独立设置。当与其他车间合建时，应布置在库房外墙一侧，应采用无门窗洞口的防火墙或耐火极限不低于3 h的防火卷帘分隔，并应符合下列规定：

1 库内油漆存放间、漆工间、干燥间等附属房屋应采用耐火极限不低于3 h的防火墙和甲级防火门与其他部位分隔。

2 库房的屋顶或门、窗的泄压面积应符合要求，地面应采用不产生火花的建筑材料。

3 库内不应设办公室、休息室或更衣室等用房。

4 库内设置检修坑、设备坑时，坑内应采取降低气雾浓度措施。

15.4.6 酸性蓄电池充电间宜独立建造，不应与值班室或其他经常有人的场所相邻布置。当与其他建筑合建时，应靠外墙单层设置，并应采用耐火极限不低于 3 h 的防火墙与其他部位隔开；当防火墙上必须设置门、窗时，应采用甲级防火门、窗。

15.4.7 建筑面积大于 250 m^2 的控制室和配电装置室、补偿装置室、电缆夹层应至少设置 2 个安全出口，并宜布置在设备室的两端。建筑长度大于 60 m 的配电装置室，应在其中间适当部位增设 1 个安全出口。

15.4.8 检查库、检修库内因工艺需要设置的横穿检修地沟的通道可作为厂房内的辅助疏散通道，并应设置明显的疏散指示标志。

15.4.9 预留综合开发的车辆基地，应考虑上盖平台的建设在满足开发建筑要求的同时，不影响下部车辆基地的使用功能。

15.4.10 市域铁路开通运营前期，车辆基地选址周边的市政道路和设施未建成投用时，初期需实施引入道路，同时应考虑初期道路与近、远期道路的衔接，避免废弃工程。

15.4.11 建筑接口设计应符合以下规定：

1 车辆基地房屋总平面设计应按工艺要求的功能定位、设计规模分析、工艺总平面设计、运用检修流程设计、库房组合设计等综合考虑。

2 建筑单体与道路之间的引道应结合站场主道路方案进行设计。

15.5 结 构

15.5.1 结构设计应符合下列原则：

1 结构设计应满足功能及工艺要求。

2 建筑结构的安全等级为二级，主要建筑结构的设计使用年限为 50 年。

3 建筑物结构抗震设防烈度为 7 度。抗震设防的所有建筑应按现行国家标准《建筑工程抗震设防分类标准》GB 50223确定其抗震设防类别及其抗震设防标准。

15.5.2 结构及基础选型应符合下列规定：

1 单层厂房一般采用门式钢架结构或钢筋混凝土排架结构。

2 大型大跨度厂房可优先采用钢屋架、网架体系。

3 建筑物应根据其规模、功能特征和场地地质条件等选择合适的基础形式。

15.5.3 房屋结构设计应符合国家、行业及地方现行有关标准的规定。

15.5.4 结构接口设计应符合以下规定：

1 车辆基地范围内的柱、网及管线应系统设计、综合考虑，并与基地布置相协调。

2 采用金属结构的雨棚、栅栏等应根据有关技术要求，接入综合贯通地线。

15.6 通风与空调

15.6.1 通风与空气调节设计应符合下列规定：

1 在满足生产工艺和劳动保护要求的前提下，应采用投资小、运行费用低、技术先进、节能环保的设计方案，并应满足便于施工、安装、操作和维修的要求。

2 室外空气计算参数和通风与空调设计应符合现行国家标准《工业建筑供暖通风与空气调节设计规范》GB 50019和《民用建筑供暖通风与空气调节设计规范》GB 50736的有关规定。

3 厂房内工人操作地点的温度和空气中有害物质的最高浓度应符合现行国家标准《工业企业设计卫生标准》GBZ 1 和《工作场所有害因素职业接触限值》GBZ 2 的有关规定。

4 生产工艺对厂房有温、湿度要求时，应按工艺要求确定室内设计参数。

5　舒适性空调厂房的室内设计温度夏季不宜低于 28℃，冬季不宜高于 18℃。

6　办公室、会议室、宿舍等舒适性空调房间的室内设计温度夏季不宜低于 26℃，冬季不宜高于 20℃。

7　防排烟设计应符合现行国家标准《建筑设计防火规范》GB 50016 和《建筑防烟排烟系统技术标准》GB 51251，以及上海市标准《建筑防排烟系统设计标准》DG/TJ 08—88 的有关规定。

15.6.2　通风设计应符合下列规定：

1　车间、库房宜采用自然通风；当自然通风不能满足卫生、环保或生产工艺要求时，应采用机械通风或自然与机械的联合通风方式。有条件时，可设置大型工业吊扇，以加强气流扰动，提升通风效果。自然进风、排风口处应设置可方便操作的开启和关闭设施。

2　采用机械通风的车间、库房，应根据工艺设备发热量、人员密度、建筑条件等因素综合考虑，确定合理的通风量。检修、维修等车间的通风换气次数不宜小于 2 次/h，停车库、物资库等库房不宜小于 1 次/h。当车间或库房位于地下、半地下，或不具备自然进风条件时，应同时设置机械送风系统，送风量宜按排风量的 80%～90%设计。

3　深度大于1.5 m 或长度大于 20 m 的检修坑内，宜设置机械送风系统或岗位空调。地坑机械送风系统宜从室外取风；当条件受限从室外取风有困难时，可从车间内清洁、无污染的区域取风。

4　喷漆、打磨、焊接等工位的废气应收集处理，环保达标后排放。

5　变配电室应设机械通风系统，通风量应根据变配电设备的散热量计算确定；计算进风温度宜采用夏季空气调节室外计算干球温度，计算排风温度不宜高于 40℃。当通风无法保障变配电室设备工作要求时，可设置空调降温系统。

6　采用气体灭火的房间应设置机械排风系统，排风换气次数不应小于 5 次/h，排风口宜设置在房间下部，排风机的开关应设在房间外。

7 甲、乙类的涂装库、危险品库、酸性蓄电池充放电间等场所应设置事故通风系统，通风量宜根据工艺设计条件计算确定，且通风换气次数不应小于 12 次/h。事故风机应防爆，事故通风系统应采取可靠的防静电接地措施。

8 地下氟冷冻机房应设事故通风系统，通风换气次数不应小于 12 次/h。

15.6.3 空气调节设计应符合下列规定：

1 非空调车间的检修线、静调线、工作平台等人员工作区域，宜设置岗位空调或局部区域性空调。

2 生产工艺对厂房有温、湿度要求时，应设置满足工艺要求的空调系统。

3 工艺设备与人员比较集中的车间、库房，经技术经济分析，有必要时可设置舒适性空调系统。

4 高大空间空调厂房宜采用分层空调或置换式通风的气流组织。

5 甲、乙类房间需要设置空调时，应采用全新风直流式空调系统，不得从室内回风。

6 计算机房宜采用恒温恒湿机房专用空调，主机房、服务器室的空调机组宜按照 $N+1$ 冗余设计。

15.6.4 防烟与排烟设计应符合下列规定：

1 车辆基地的车间、库房应根据各自的火灾危险性分类和面积等指标，按照现行国家标准《建筑设计防火规范》GB 50016进行设计，确定是否需要设置排烟系统。

2 需要排烟的房间、走道，优先采用自然排烟系统；当不能满足现行国家标准《建筑防烟排烟系统技术标准》GB 51251和上海市标准《建筑防排烟系统设计标准》DG/TJ 08—88 有关自然排烟的规定时，应设置机械排烟系统。

3 需要防烟的楼梯间、前室，优先采用自然通风的防烟系统;当不能满足现行国家标准《建筑防烟排烟系统技术标准》GB 51251和上海市标准《建筑防排烟系统设计标准》DG/TJ 08—88有关自然通风防烟的规定时,应设置机械加压送风系统。

15.6.5 通风与空调接口设计应符合下列规定:

1 应满足工艺用房的通风空调要求。

2 应考虑通风设备荷载及位置、土建预留孔洞位置。

3 应考虑各专业通风空调设备的用电量、控制要求及负荷等级。

4 应考虑空调给水、排水接口位置。

15.7 给排水与消防

15.7.1 给水系统设计应符合下列规定:

1 给水系统设计应按现行国家标准《建筑给水排水设计标准》GB 50015进行设计。

2 生活给水水质应按现行国家标准《生活饮用水卫生标准》GB 5749进行设计。

3 生产和生活用水宜采用城市供水。给水系统应采用生产、生活与消防分开的给水系统,生产用水宜重复利用。

4 企业建筑管理人员的最高日生活用水定额可取30 L/(人·班)~50 L/(人·班);车间工人的生活用水定额宜取30 L/(人·班)~50 L/(人·班);用水时间宜取8 h,小时变化系数宜取2.5~1.5。

15.7.2 给水系统选择应符合下列规定:

1 给水系统应充分利用城镇给水管网的水压直接供水。

2 给水系统的竖向分区应根据使用要求、材料设备性能、维护管理、节约供水、能耗等因素综合确定。给水压力应符合国家现行有关标准的规定。

15.7.3 管道布置和敷设应符合下列规定:

1 室外给水管道的覆土深度,应根据土壤冰冻深度、车辆荷载、管道材质及管道交叉等因素确定。管顶最小覆土深度不得小于土壤冰冻线以下0.15 m，行车道下的管线覆土深度不宜小于0.70 m。

2 室内给水管道不得布置在遇水会引起燃烧、爆炸的原料产品和设备的上面。

3 室内给水管道不应穿越变配电房、电梯机房、通信机房等遇水会损坏设备和引发事故的房间，并应避免在生产设备、配电柜上方通过。

4 当给水管道结露会影响环境，引起装饰、物品等受损害时，给水管道应做防结露保冷层，防结露保冷层的计算和构造可按现行国家标准《设备及管道保冷技术通则》GB/T 11790 设计。

5 敷设在有可能结冻的房间、地下室及管井、管沟等处的给水管道应有防冻措施。

6 埋地给水管道过轨应设套管，并在过轨管两侧设置阀门井。

7 给水配水系统需根据回流污染的危害程度合理选择防回流设施，且应符合现行国家标准《建筑给水排水设计标准》GB 50015 的规定。

15.7.4 排水系统设计应符合下列规定：

1 排水系统设计应按现行国家标准《建筑给水排水设计标准》GB 50015进行设计。

2 排水系统应采用生活排水与雨水分流制排水设计。

3 机械自动洗车机冲洗水、水温超过 40℃的加热设备排水、含油的洗涤废水应单独排水至水处理或回收构筑物。

4 排水应分类收集，集中排放。排水应满足当地排水体制及排放标准的要求。

5 排水定额和小时变化系统应与其给水用水定额和小时变化系数相同。

6 室内排水沟与室外排水管道连接处，应设水封装置；无法实现重力排水时，应考虑集中抽排方式。

7 库房等大型屋面雨水系统采用虹吸压力流系统外，其他应为重力流排水系统。

8 屋面雨水排水系统应迅速、及时地将屋面雨水排至室外地面或雨水控制利用设施和管道系统。

9 设计暴雨强度应按上海市暴雨强度公式计算确定。屋面雨水排水设计降雨历时应按 5 min 计算。

10 屋面雨水排水管道工程的设计重现期按 10 年考虑；室外场地汇水区域的设计重现期按 5 年考虑。

11 建筑的雨水排水管道工程及溢流设施的排水总能力不应小于 50 年重现期的雨水量。

12 当屋面坡度大于2.5％的斜屋面或采用内檐沟集水时，设计雨水流量应乘以系数1.5。

15.7.5 消防给水与灭火设计应符合下列规定：

1 消防给水系统的设置应按现行国家标准《建筑设计防火规范》GB 50016 以及《消防给水及消火栓系统技术规范》GB 50974进行设计。

2 室内环境温度不低于 4℃且不高于 70℃的场所，应采用湿式室内消火栓系统。

3 室内消火栓的布置应保证 2 股水柱同时到达任何位置，消火栓宜布置在楼梯口附近，宜设置消防软管卷盘。

4 自动喷水灭火给水系统应按现行国家标准《自动喷水灭火系统设计规范》GB 50084进行设计。

5 自动喷水灭火系统应采用区域集中的临时高压系统，消火栓与喷淋系统的管网与增压设施应各自独立设置。

6 埋地消防给水管道过轨应设套管，并在过轨管两侧设置阀门井。

7 灭火器的配置应按现行国家标准《建筑灭火器配置设计规范》GB 50140进行设计。

8 在同一灭火器配置场所，当选用 2 种或 2 种以上类型灭火器时，应采用灭火剂相容的灭火器。

9 灭火器应设置在位置明显和便于取用的地点，且不得影响安全疏散。

10 灭火器不得设置在超出其使用温度范围的地点。

11 一个计算单元内配置的灭火器数量不得小于2具。

12 每个灭火器设置点实配灭火器的灭火级别和数量不得小于最小需配灭火级别和数量的计算值。

15.7.6 给排水与消防接口设计应符合下列规定：

1 给排水与消防系统管道应根据设备需求预留接口。

2 应考虑设备基础预埋件及土建预留孔洞位置。

3 应考虑设备负荷容量、负荷等级及控制要求。

15.8 动力照明

15.8.1 供配电系统设计应符合下列规定：

1 供配电系统的设计应根据车辆基地的不同功能、类别、负荷性质、容量及发展规划等因素确定。

2 供配电系统应能满足不同负荷的供电要求，并应具备一定的抗风、雨、雪、冰等自然灾害的能力。

3 供配电系统应遵循现行国家和行业标准，采用符合国家有关标准的高效节能、环保、安全、性能先进的电气设备。

15.8.2 车辆基地用电负荷应根据供电可靠性要求及中断供电所造成影响或损失的程度分为一、二、三级，并应符合下列规定：

1 一级负荷：火灾自动报警系统、消防水泵、自动灭火系统、防排烟风机及电动风阀、防火卷帘及参与防联动的电动门窗、消防电梯、应急照明等火灾时仍需使用的用电设备；通信系统设备、信号系统设备、信息系统设备、综合监控系统设备、电力监控系统设备、环境与设备监控系统设备、门禁系统设备、变电所操作电源等；其中火灾自动报警系统、环境与设备监控系统设备、变电所操作电源、通信系统设备和信号系统设备为特别重要负荷；车辆基地一类建筑中消防用电为一级负荷。

2 二级负荷:普通照明、变电所检修电源、非消防电梯、厨房设备、重要设备房的专用空调等;车辆基地工艺设备中起重机、镟床、架车机为二级负荷;二类建筑中消防用电为二级负荷。

3 三级负荷:岗位空调、环控机组及附属设备、室内分体空调、多联机以及其他非一、二级负荷;车辆基地除起重机、镟床、架车机外工艺设备为三级负荷。

15.8.3 根据负荷性质和重要程度,动力和照明设备的供电方式应符合以下要求:

1 一级负荷应由双重电源供电,当一电源发生故障时,另一电源不应同时受到损坏。一级负荷中特别重要的负荷供电,除应由双重电源供电外,尚应增设应急电源,并严禁将其他负荷接入应急供电系统。设备的供电电源的切换时间,应满足设备允许中断供电的要求。

2 二级负荷宜由双电源单回线路供电。

3 三级负荷可采用单电源单回线路供电。当系统中只有一个电源工作时,可切除三级负荷。

4 配电方式宜以“放射式为主,树干式为辅”,根据分层或分区对同等级配电设备进行集中配电;不同等级配电设备采用树干式配电,按照分片集中的原则进行配电。

15.8.4 低压配电电压制式的设计应符合下列规定:

1 一般场所的动力与照明配电电压为 AC380/220V。

2 潮湿场所的动力与照明配电采用安全电压 AC36V。

3 A 型消防应急灯具主电源和蓄电池电源额定工作电压均不大于 DC36V。

15.8.5 正常运行情况下,用电设备端子处电压偏差允许值宜满足下列要求:

1 电动机:±5%,困难情况下+5%~-10%。

2 照明:±5%,困难情况下+5%~-10%。

15.8.6 低压配电系统的设置应符合下列规定：

1 各级配电柜、配电箱宜预留总回路数量25%～30%的备用回路。电源进线开关应与电源电缆匹配。

2 降压变电所配电变压器二次侧至用电设备之间的低压配电级数不宜超过三级。

3 大容量设备或负荷性质重要的用电设备宜采用放射式配电，中小容量动力设备宜采用树干式配电。

4 照明配电箱内三相照明回路负荷应基本平衡，最大相负荷电流不宜超过三相负荷平均值的115%，最小相负荷电流不宜小于三相负荷平均值的85%。

5 配电线路采用的上下级保护电器的动作应具有选择性，各级之间协调配合。

15.8.7 动力配电应符合下列规定：

1 一级负荷由变电所提供两路专用线路供电至设备，或在设备集中处设置共用切换箱、切换柜再进行二次配电。

2 消防设备与非消防设备自成系统。在火灾工况下，非消防电源在变电所低压柜或入户配电箱处切除。

3 消防配电回路的过载保护，应只动作于信号，不动作于跳闸。

4 配电间应靠近电缆井设置或者与电缆井合设。

5 变频器根据实际情况可设置在设备附近。

6 插座回路均应设漏电保护开关。

7 检查坑内两侧应设固定照明，设置动力和安全照明插座。照明设备宜按照列位分别进行控制；每列位照明宜分段联动控制。转向架部位的照度不宜小于车体下部照度的2倍；灯具、插座、配线敷设不应突出于检查坑坑壁，其位置应高于低位作业地坪标高。

15.8.8 线缆的选择和布线应符合下列规定：

1 电力电缆与控制电缆，在地下空间敷设时，应采用低烟无卤阻燃电缆；在地上室内空间敷设时，可采用低烟无卤或低烟低卤阻燃电缆。消防设施的供电干线电缆，明敷时应采用矿物绝缘耐火电缆。重要信号的控制电缆宜采用金属屏蔽。

2 交流系统单芯电缆应采用非磁性金属铠装层。交流单芯电缆以单根穿管时，不应采用未分隔磁路的钢管。

3 交流单芯电力电缆应根据计算采用“品”字形或三相全换位的敷设方式。

4 电缆设计与敷设应按现行国家标准《电力工程电缆设计标准》GB 50217进行设计。

15.8.9 照明系统设计应符合下列规定：

1 照明系统应根据车辆基地规模、使用性质、环境条件、空间特点等确定照度值和照明方案。

2 宜充分利用天然光，人工照明应与天然采光相结合使用。

3 应合理选择照明设备、划分控制区域。

4 应按现行国家标准《建筑照明设计标准》GB 50034的规定进行设计。

15.8.10 照明方式和照明种类应按以下标准分类：

1 各场所照明方式分为一般照明、分区一般照明、局部照明和混合照明。

2 各场所照明种类分为正常照明、应急照明、值班照明和过渡照明。

3 车辆基地各类场所正常照明的标准值，应符合表15.8.10的规定。

表15.8.10 车辆基地各类场所的正常照明标准值

场所	参考平面及其高度	照度(lx)	统一眩光限值 UGR_L	显色指数 R_a	备注
洗车库	地面	100	22	60	—
信号控制室	台面	300	19	80	视频显示终端工作应注意避免反射眩光

续表15.8.10

场所	参考平面及其高度	照度(lx)	统一眩光限值 UGR_L	显色指数 R_a	备注
一般件检修间	0.75 m 水平面	200	22	80	另加局部照明
精密检修间	0.75 m 水平面	300	22	80	另加局部照明
试验室	台面	300	22	80	另加局部照明
压缩空气站	地面	150	22	60	—
一般件仓库	0.75 m 水平面	100	22	60	—
基地道路	地面	5	—	40	—

4 车辆基地应急照明相关设计应按现行国家标准《消防应急照明和疏散指示系统技术标准》GB 51309进行设计。

15.8.11 照明灯具及其附属装置选用应符合下列规定：

1 照明灯具光源应选用高效、节能、环保型光源。光源选用应符合国家现行有关标准的规定。

2 当选择光源时，应在满足显色性、启动时间等要求的条件下，根据光源、灯具及控制器的效率、寿命和价格等，在进行综合技术经济分析比较后确定。

3 在满足眩光限制和配光要求条件下，应选用效率高的灯具。

15.8.12 照明节能指标应符合下列规定：

1 照明节能应以现行国家标准《建筑照明设计标准》GB 50034 中办公建筑和其他建筑场所照明功率密度限值作为衡量评价指标。

2 照明功率密度值应符合现行值要求，宜采用目标值。

15.8.13 车辆基地盖下照明设计应符合下列规定：

1 盖下道路照明宜在靠车辆基地内侧安装灯具，灯具宜安装在道路侧梁、柱上方，安装高度满足检修要求。

2 盖下咽喉区域照明灯具不应安装在接触网及其横拉索正上方、轨道正上方、信号灯等设备正上方；灯具宜安装在侧柱上方，灯具照射方向不应朝向来车方向，灯具应满足眩光要求，安装高度应满足检修要求。

15.8.14 爆炸危险环境场所内的电气设备应采用防爆型设备。

15.8.15 防雷与接地设计应符合下列规定：

1 防雷系统设计应结合当地环境、气象、地质等条件和雷电活动规律以及被保护建筑物的特点，综合考虑外部防雷和内部防雷措施，并应做到安全可靠、技术先进、经济合理。

2 建筑物防雷设计应按现行国家标准《建筑物防雷设计规范》GB 50057、《建筑物电子信息系统防雷技术规范》GB 50343和现行行业标准《铁路防雷及接地工程技术规范》TB 10180进行设计。

3 车辆基地内用电设备的保护性接地和功能性接地要求应符合现行国家标准《交流电气装置的接地设计规范》GB/T 50065和现行行业标准《铁路防雷及接地工程技术规范》TB 10180的有关规定。

15.8.16 火灾自动报警系统设计应符合下列规定：

1 火灾自动报警系统的形式和监管模式应根据车辆基地的设置方式、建筑规模及消防设施的设置等条件选择。

2 车辆基地消防控制室宜与车辆基地控制中心结合设置。

3 火灾自动报警系统的设计应符合现行国家标准《火灾自动报警系统设计规范》GB 50116 等的有关规定。

15.8.17 动力照明接口设计应符合下列规定：

1 应充分考虑与土建工程、外部设施和相关系统之间的接口关系，总体设计应经济合理，利于施工、调试、管理、运行及维护。

2 电力供配电系统接引外部电源时，应与国家电力部门协调用电需求、外部电源方案、接口界面等工作。

3 设置综合接地系统时，电力与综合接地系统的接口界面在建(构)筑物自身接地装置接入综合接地系统的接地端子处。

15.9 供变电

15.9.1 牵引供电系统宜采用带回流线的直接供电方式。

15.9.2 车辆基地应采用两回电源供电，其中至少应有一回为独立电源。

15.9.3 根据行车组织及检修需要，车辆基地宜实行分束供电；当车辆基地设有牵引变电所或开闭所时，每束可设独立供电线。车辆基地应由同一相电源供电。

15.9.4 牵引供电系统其他相关设计可按现行行业标准《城际铁路设计规范》TB 10623的有关规定执行。

15.9.5 供变电接口设计应符合下列规定：

1 牵引变电所、开闭所等场坪、通所道路、设备房屋、设备支架基础、电缆路径、电缆夹层、电缆沟槽、预埋管及预留孔洞等应满足设备运输、安装、运行要求。

2 牵引变电所、开闭所等场地应满足排水、消防和事故排风要求。

15.10 接触网

15.10.1 车辆基地接触网技术标准应与正线标准一致。

15.10.2 车辆基地应单独供电分段。车辆基地的存车线、作业线应单独设电分段，并装设带接地刀闸的隔离开关。

15.10.3 库线宜设置带电显示装置。

15.10.4 车辆基地内接触网成排支柱宜采用集中接地方式。

15.10.5 平交道口的通道两侧应设置限界门。

15.10.6 接触网应根据需要设置终点标、安全作业标、安全警示标等。

15.10.7 在易受异物侵入的场所，应对接触网采取有效的防护措施。对易受机动车辆损伤的支柱及拉线，应采取可靠的防撞措施。

15.10.8 接触网接口设计应符合下列规定：

1 接触网应与土建专业协调完成有关预留接触网安装空间和预埋件的接口设计。

2 接触网应与相关专业确认车辆基地内接触网设备安装、接地等接口要求。

15.11 通　信

15.11.1 通信系统应为车辆基地的生产和管理提供稳定、可靠、畅通的语音、数据和图像通信业务。在非正常或紧急情况下，应能作为抢险救灾的通信手段。

15.11.2 通信系统应包括传输、有线调度电话、电话交换、移动通信、综合视频监控等通信设施以及相应的电源及接地设施。

15.11.3 通信系统设计应符合下列规定：

1 传输系统应满足通信各子系统和其他系统信息传输的要求。

2 移动通信系统应为车辆基地调度值班员、运转值班员等固定用户与列车司机、防灾、维修、公安等移动用户之间提供通信手段，满足行车指挥及紧急抢险的需要，并应具有选呼、组呼、全呼、紧急呼叫、呼叫优先级权限等调度通信、存储及监测等功能。

3 综合视频监控系统应为车辆基地调度值班员、运转值班员、列车司机等提供列车运行、防灾救灾以及周界防护等视觉信息。

4 电话交换系统应满足各部门间进行公务通话及业务联系，并应纳入公用网。

5 有线调度电话系统应保证车辆基地的值班员与其他调度值班人员实现行车指挥和运营管理；调度电话系统应具有单呼、

组呼、全呼等调度功能。

6 通信设备应按一级负荷供电；通信电源应具有集中监控管理功能，并应保证通信设备不间断、无瞬变地供电；通信电源的后备供电时间不应少于 2 h；通信接地系统应保证人身和通信设备的安全，并应保证通信设备的正常工作。

15.11.4 通信接口设计应符合以下规定：

1 无线通信外场覆盖应根据车辆基地土建结构进行设计。采用天线方式覆盖时，宜采用铁塔、屋顶铁塔或立杆等安装方式；采用漏缆方式覆盖时，宜采用架杆、吊挂等安装方式。

2 车辆基地设计应符合通信设备的用房、用电及接地等需求。

15.12 信 息

15.12.1 信息系统应由动车组管理信息系统、办公信息系统、综合布线系统、广播系统、时钟系统、安防系统等子系统组成，并根据车辆基地内综合维修中心、综合维修工区部署情况，设置综合维修管理信息子系统。

15.12.2 信息系统应能满足车辆基地的运转管理模式及功能的需求。

15.12.3 信息系统应符合标准化、数字化、智能化、模块化、环保化的技术发展方向。

15.12.4 动车组管理信息系统应符合下列规定：

1 系统应满足动车组业务管理信息化需求，并接入上层动车组管理信息系统，实现全网统一应用。

2 系统网络、软硬件设备、应用开发平台和应用软件架构应按先进、成熟、适用、可靠的原则进行设计。

3 系统应满足多样化检修工艺、检修布局、生产组织等业务需求。

4 系统应实现车辆基地维修生产过程监控，具有应对机动计划调整或突发事件的高效生产指挥功能。

5 系统应实现车辆基地维修策略、资源配置等智能化决策支持。

15.12.5 广播系统应能提供车辆基地内值班员、行车调度指挥人员发布作业命令及有关安全信息等。

15.12.6 安防系统应包括入侵报警、电子巡查等子系统，应满足车辆基地内部安全生产及外部周界安全防护要求，并应接入车辆基地安防集成平台。

15.12.7 信息系统设备应按一级负荷供电；信息电源应具有集中监控管理功能，并应保证信息设备不间断、无瞬变地供电；信息电源的后备供电时间不应少于 1 h。

15.12.8 信息系统设计和设备选型应满足上海市域铁路环境要求和国家相关电磁兼容标准。

15.12.9 信息接口设计应符合下列规定：

1 广播系统应实现消防联动。

2 入侵报警系统应实现与通信视频监控系统联动。

15.13 信 号

15.13.1 信号系统应符合下列主要原则：

1 应满足市域铁路网内列车安全、高效进出存放的要求，与国家铁路互联互通跨线运营线路，宜兼顾国铁列车存放要求。

2 应采用安全、可靠、成熟、经济、适用的技术和设备。

3 涉及行车安全的铁路信号系统及电路设计，必须符合铁路信号“故障—安全”原则。

4 信号系统应包括调度集中系统或控制集中系统、列车运行控制系统、联锁系统、信号集中监测系统、信号培训系统、网络及电源等。

5　信号系统宜与正线信号系统统一组网，并采用统一的时间信息。

15.13.2　地面固定信号设置应符合下列规定：

1　列车进出车辆基地宜按列车信号行车；当受站场空间限制不具备条件且出入段能力满足行车要求时，可采用调车信号行车。

2　进出车辆基地的信号机机构应符合现行行业标准《铁路信号设计规范》TB 10007的规定。桥梁、隧道以及设置高柱信号机无法满足有关规定时，进站信号机可采用矮型信号机。当受股道线间距限制时，出站信号机可采用单列矮型信号机。

3　车辆基地股道中间设置的阻挡列车运行的调车信号机应采用“红、蓝、白”三灯位矮型信号机。

4　车辆基地信号机应常态点灯，并以显示停车信号为定位。

5　信号机的设置位置应符合现行行业标准《铁路信号设计规范》TB 10007的规定。

6　试车线应装设与正线一致的信号设备。

15.13.3　信号系统设置应符合下列规定：

1　车辆基地应设置调度集中系统。车场规模较大（大于20股道）时，宜设置车辆基地控制集中系统。

2　车辆基地应设置计算机联锁系统，并应采用“2×2取2”硬件安全冗余结构。

3　车辆基地宜采用25 Hz相敏轨道电路或不对称高压脉冲轨道电路。

4　车辆基地应设置列控中心设备。当调车作业需求量不多时，可不设置调车防护系统，调车防护功能由列控中心完成。

5　车辆基地应设置信号集中监测系统，并与正线车站信号集中监测系统统一组网。

6　车辆基地应采用综合电源屏，设置双套在线式不间断电源（UPS），UPS容量按除转辙机外的其他所有信号设备负荷用电量计算，UPS 蓄电池供电时间应按不小于 30 min 配置。电源子系统应具有与信号集中监测系统接口和报警功能。

15.13.4 信号培训设备设置应符合下列规定：

1 培训设备应能提供运行环境模拟、故障设定及仿真功能。

2 培训设备宜包含信号系统各种类型的实物设备，可以适当简化为非冗余结构配置。

3 培训设备的配置应基于线网范围内资源共享的原则。

15.13.5 信号日常维修和检测设备应符合下列要求：

1 日常维修和检测设备包括通用工器具、专用维修工具和设备、工程抢险和检修交通工具。

2 专用维修工具和设备应满足本线所配置信号系统维修需求。

3 通用工器具和交通工具应与维修体制相匹配，满足日常工区维护、检修和基地维修的需要。

15.13.6 信号接口设计应符合下列规定：

1 车辆基地股道有效长应结合车辆基地的行车作业模式、存车类型、驾驶模式综合确定。

2 车辆基地内道岔布置设计应符合转辙设备安装要求。

3 道床电阻、胶结绝缘、无砟轨道板绝缘等应符合轨道电路设计要求。

4 信号设备用房及电缆管线的布置应在相关专业的协调下统筹设计。

15.14 综合监控系统

15.14.1 车辆基地可设置综合监控系统，应满足车辆基地调度管理、机电设备监控管理及智能化运维等运营管理需求，宜与正线综合监控系统统一考虑设置标准。

15.14.2 车辆基地综合监控系统应实现辅助行车指挥、机电设备监控和管理、防灾和安全、系统维修管理、能耗管理功能，且应与各系统协调联动，共同实现车辆基地智能化运维。

15.14.3 车辆基地综合监控系统可配置实时服务器、操作员终端、前端通信处理器、网络及安全设备、维修管理设备及培训仿真设备等；与正线综合监控系统通过网络设备连接，构成全线完整的综合监控系统。

15.14.4 车辆基地综合监控系统应提供对集成和互联各系统的数据接入机制，应以标准、冗余、可扩展的方式通过接口访问。

15.15 管线综合

15.15.1 车辆基地管线综合的主要内容应包括：

1 协调各管线布局，确定管线的敷设方式。

2 确定管线敷设的排列顺序和位置，确定相邻管线的水平间距、交叉管线的垂直间距。

3 确定地下敷设的管线控制高程和覆土深度等。

15.15.2 管线综合应能指导各管线的工程设计，并应满足管线的施工、运行和维护的要求。

15.15.3 室外管线宜地下敷设；当架空敷设可能危及人身财产安全或对车辆基地内景观造成严重影响时，应采取直埋、保护管、管沟或综合管廊等方式地下敷设。

15.15.4 室外管线的平面位置和竖向位置均应采用城市统一的坐标系统和高程系统。

15.15.5 室外综合管线设计应减少管线在道路交叉口处交叉。当管线竖向位置发生矛盾时，宜按下列规定处理：

1 压力管线避让重力流管线。

2 易弯曲管线避让不易弯曲管线。

3 分支管线避让主干管线。

4 小管径管线避让大管径管线。

5 临时管线避让永久管线。

15.15.6 室外地下管线的最小覆土深度应符合现行国家标准《城市工程管线综合规划规范》GB 50289的有关规定。当受条件限制不能满足要求时,可采取安全措施减少其最小覆土深度。

15.15.7 室外地下管线在车辆基地内由建筑线向外方向平行布置的顺序,应根据工程管线的性质和埋设深度确定,其布置次序宜为电力、通信、污水、雨水、给水、燃气、热力、再生水。

15.16.8 各种室外管线不应在垂直方向上重叠敷设。

15.15.9 沿轨道敷设的室外管线应与轨道平行。管线与轨道交叉时,宜采用垂直交叉方式布置;受条件限制时,其交叉角宜大于60°。

15.15.10 当室外地下管线交叉敷设时,管线自地表面向下的排列顺序宜为通信、电力、燃气、热力、给水、再生水、雨水、污水。给水、再生水和排水管线应按自上而下的顺序敷设。

15.15.11 室外管线之间及其与建(构)筑物之间的最小水平净距、最小垂直净距应符合现行国家标准《城市工程管线综合规划规范》GB 50289的有关规定。

15.15.12 室外管线交叉点高程应根据排水等重力流管线的高程确定。

15.15.13 室内综合管线设计应满足以下要求:

1 车辆基地内的运用检修库和生产办公用房应进行管线综合设计,以统筹各设备专业管线的建筑空间布置,避免交叉或相互干扰,各管线之间应留有足够的安装、检修和安全空间。

2 运用检修库内综合管线宜采用综合支架方式,管线之间、管线与墙体之间以及叠落管线上下应留有足够的安装和检修空间。

3 管线设计高度应包含支吊架所占用空间,并应在工艺和建筑净高要求的标高以上。有装修的部位,应在装修吊顶标高以上。

4 室内综合管线支吊架设计应符合现行国家标准《建筑机

电工程抗震设计规范》GB 50981的有关规定。

5 运用检修库内管线高度应合理布置，管线的高度应满足检修空间要求和运输通道的空间要求，并应避免与起重机、检修作业平台、接触网等设施的位置冲突，侧墙上方的管线应避开门洞和窗户。

6 检修作业平台管线布置应满足检修工艺需求，有效工作区域处管线高度不宜低于2.0 m，以确保人员安全通行。

7 检查地沟内管线宜暗埋，地坪不宜敷设明管，两侧管线布置不应影响人员的通行和车下检修作业。

15.15.14 综合管线接口设计应满足各相关专业的管线施工、运行和维护要求。

16　节能环保、劳动安全卫生

16.1　振动与噪声

16.1.1　车辆基地厂界噪声应符合现行国家标准《工业企业厂界环境噪声排放标准》GB 12348的有关规定。

16.1.2　车辆基地应合理布局，其试车线的布置宜避开居民区等敏感建筑，对周边环境的影响应符合噪声限值标准的规定。

16.1.3　车辆基地环境振动影响应符合现行国家标准《城市区域环境振动标准》GB 10070的有关规定。

16.2　水污染

16.2.1　当车辆基地位于城市排水与污水处理设施覆盖范围内，应报市、区水务部门办理污水排入排水管网许可证，进行定向排放。当车辆基地处于城市排水与污水处理设施覆盖范围外，污水直接或未经终端公共污水处理系统向环境水体排放时，受纳水体和排放标准应符合国家和上海市的有关规定。

16.2.2　生产废水、生活污水(含已经处理后的生活污水、生产废水)排放应达到现行国家标准《污水排入城镇下水道水质标准》GB/T 31962和现行上海市地方标准《污水综合排放标准》DB31/199的有关规定。

16.2.3　车辆基地洗车废水经处理后应做到循环利用，循环利用的车辆冲洗用水应符合现行国家标准《城市污水再生利用　城市杂用水水质》GB/T 18920的有关规定。

16.2.4 生活污水二级生化处理应设废气排放管,管径不应小于DN80,废气排放管可设于就近建筑物内并伸至屋面上高度不应小于1 m。

16.2.5 车辆基地含油废水必须进行厂区内污水处理,并应达到国家和地方污水排放标准后排放。

16.3 固体废弃物、大气污染

16.3.1 车辆基地产生的固体废物,应采取分类收集、贮存、运输、处理处置的相应措施。

16.3.2 对废渣的处理,宜优先考虑回收和综合利用。车辆基地排放废弃物前,应根据《上海市城市建筑垃圾管理规定》进行处置。

16.3.3 车辆基地产生的废蓄电池、废矿物油等危险废物及污水处理产生的含油危险废物,应由有资质单位进行回收并妥善处理。

16.3.4 废气排放应符合现行国家标准《锅炉大气污染物排放标准》GB 13271和现行上海市地方标准《大气污染物综合排放标准》DB31/933 的有关规定。

16.3.5 厨房油烟应经净化处理,达标后排放,排气筒出口朝向应避开易受影响的建筑物。

16.4 节　能

16.4.1 在保证生产工艺流程合理先进的同时,工艺总图布置应按动车组检修维护、综合维修等不同功能的设施统筹布局,提高各设施设备的利用效率,减少占地面积。

16.4.2 车辆基地内大库房屋顶具备条件时宜设置屋顶绿化,降低室内温度,节约能耗。

16.4.3 车辆基地内各类工业厂房及库房围护结构的保温、隔热设计应满足冬季最小传热阻和夏季隔热的技术要求。

16.4.4 结合建筑形式、功能要求,空调宜采用变频系列,库房宜采用自然通风。

16.4.5 在车辆基地内宜采用太阳能光伏发电并网、太阳能热水、采暖、制冷综合热利用技术,发展绿色能源。

16.4.6 车辆基地内宜选用 LED 光源等节能型灯具,采用合理的控制方式节约能源。

16.5 劳动安全与卫生

16.5.1 车辆基地出入线、走行线、动态试验线、车体外皮清洗线、存车线及车场线群外侧应设置隔离栅栏。

16.5.2 易燃品库防火间距应符合国家现行有关标准的规定。

16.5.3 涂装库宜布置在单独的场所或独立区域。

16.5.4 车辆基地内产生粉尘、有毒、有害物质的生产及作业场所应采取防尘、防毒措施,其标准应符合国家相关规定。

16.5.5 车辆基地内易发生事故、危害及影响人身安全及健康的场所,应符合现行国家标准《安全色》GB 2893、《安全标志及其使用导则》GB 2894的有关规定。

16.5.6 检查库线应设置接触网分段绝缘器,带接地的隔离开关,整备线应设置隔离开关联锁的警示装置。

16.5.7 库内车顶作业平台应设置车顶作业人员安全防护设施。在未设置车顶作业平台的线路进行车顶作业时,应采取安全防护措施。

16.5.8 全自动运行车辆基地内全自动控制区域和非全自动控制区域之间应有明确的区域划分和物理隔断。

16.5.9 全自动控制区应采用安全保护分区以及相应的物理空间隔断,司乘人员及其他生产作业人员必须经过专用通道(地下或高架),通过门禁进入安全保护分区进行生产作业。

本标准用词说明

1 为便于在执行本标准条文时区别对待，对于要求严格程度不同的用词说明如下：

1）表示很严格，非这样做不可的用词：

正面词采用“必须”；

反面词采用“严禁”。

2）表示严格，在正常情况下均应这样做的用词：

正面词采用“应”；

反面词采用“不应”或“不得”。

3）表示允许稍有选择，在条件许可时首先应这样做的用词：

正面词采用“宜”；

反面词采用“不宜”。

4）表示有选择，在一定条件下可以这样做的用词，采用“可”。

2 标准中指定应按其他有关标准、规范的规定执行时，写法为“应符合……的规定”或“应按……”执行。

引用标准名录

1 《上海市域铁路设计规范(试行)》T/SHJX 002
2 《地铁设计规范》GB 50157
3 《城际铁路设计规范》TB 10623
4 《铁路动车组设备设计规范》TB 10028
5 《市域快速轨道交通设计规范》TCCES 2
6 《市域铁路设计规范》T/CRSC 0101
7 《城市轨道交通设计规范》DG/TJ 08—109
8 《建筑设计防火规范》GB 50016
9 《铁路工程防火设计规范》TB 10063
10 《地铁设计防火标准》GB 51298
11 《建筑内部装修设计防火规范》GB 50222
12 《办公建筑设计规范》JGJ 67
13 《饮食建筑设计规范》 JGJ 64
14 《工业企业总平面设计规范》GB 50187
15 《城市停车规划规范》GB/T 51149
16 《上海市城市轨道交通工程技术规范》DG/TJ 08—2232
17 《工业建筑供暖通风与空气调节设计规范》GB 50019
18 《民用建筑供暖通风与空气调节设计规范》GB 50736
19 《建筑防烟排烟系统技术标准》GB 51251
20 《建筑给水排水设计规范(2009版)》GB 50015
21 《建筑灭火器配置设计规范》GB 50140
22 《自动喷水灭火系统设计规范》GB 50084
23 《消防给水及消火栓系统技术规范》GB 50974
24 《城镇给水排水技术规范》GB 50788

25 《建筑照明设计标准》GB 50034

26 《建筑物防雷设计规范》GB 50057

27 《建筑物电子信息系统防雷技术规范》GB 50343

28 《铁路电力牵引供电设计规范》TB 10009

29 《城市轨道交通综合监控系统工程技术标准》GB/T 50636

上海市交通运输行业协会团体标准

上海市域铁路车辆基地设计标准(试行)

T/SHJX 0017—2020

条 文 说 明

2022 上海

目　次

1 总 则

1.0.1 为满足上海市域铁路车辆基地建设和发展需要，充分体现上海市域铁路车辆基地的功能和特点，突出综合交通体系建设理念，强化绿色低碳环保要求，编制一项有效指导上海市域铁路车辆基地建设的设计标准是非常必要的。本标准是在总结城际铁路、市域铁路以及上海轨道交通建设、设计、运营实践经验和相关科研成果的基础上进行编制的。

1.0.2 本标准适用于新建设计速度为 200 km/h、160 km/h、140 km/h、120 km/h，采用单相工频交流 25 kV 牵引供电制式动车组的标准轨距市域铁路车辆基地的设计。考虑近沪地区市域铁路可能纳入上海市域铁路网，故保留 200 km/h 速度等级。

1.0.3 车辆基地分为三级机构，即动车段、运用所和停车场，此称呼结合了国铁和地铁的惯用说法，不完全同于国铁或地铁。

1.0.4 车辆基地作为市域线网重要设施，具有占地大，对周边用地功能、交通和环境影响较大的特点，其设计在满足使用的前提下，应符合国家产业发展政策、城市总体规划和市域铁路线网规划要求，以达到协调、可持续发展的目的。

1.0.5 由于车辆基地占地较大、投资较高，故在满足运输需求的前提下，设计规模应统一规划、分期实施，以节约投资。对于基础设施及不易改、扩建的设计内容，应按远期规模设计；易改、扩建的设计内容，可按近期规模规划和设计，并预留远期发展条件；对于随运输需求变化而增减的运营设备，参照城市轨道交通初期年度即交付运营后第 3 年的运量设计。

1.0.8 设施设备技术状态的检测、监测和评定是维修方案和计划制定的基础和依据。先进的检测、监测方式以及大数据信息处理系统，对保证维修的安全、准确、适度和及时起到决定性的作用。目前，国铁较广泛地发展了维修信息系统以及精确测量网技术，以推动铁路的信息化、数字化进程。市域铁路车辆基地的设计宜借鉴已有成熟技术的运用，适当配置相应的检测设施、设备。

1.0.15 对车辆基地进行物业开发，可充分利用土地资源，实现土地集约化利用，带来一定的经济效益和社会效益。物业开发的内容、性质和规模对车辆基地的总平面布置有直接影响，应同步规划、合理比选、统筹考虑。

1.0.16 依法合规是开展设计应遵循的基本原则，条文中所说的国家现行有关标准主要有：《声环境质量标准》GB 3096、《工业企业厂界环境噪声排放标准》GB 12348、《城市区域环境振动标准》GB 10070、《污水综合排放标准》GB 8978、《锅炉大气污染物排放标准》GB 13271、《环境空气质量标准》GB 3095等。

3 一般规定

3.0.1 本条强调市域动车组相对于高铁动车组、地铁车辆而言，应具有高速运行、频繁起停、大载客量及公交化运行的特征。

3.0.5 上海市域铁路车辆基地的设计应结合上海市土地资源稀缺的特点，宜对土地进行立体化利用，提高车辆基地空间利用效率。车辆基地的工程实施是规划意图的具体体现，设计应统筹考虑土建工程、工艺设备、运营调度等不同功能系统的技术指标及相互关系，整体构思、逐步深化，深入研究项目需求、功能定位、主要技术方案和主要技术标准，科学合理确定总体设计原则，以总体设计统筹专业设计，实现建设意图。

3.0.6 动车段与运用所区别在于需要承担一条线或多条线的高级修(三～五级修)任务。

3.0.8 上海市域铁路动车组运用检修自成体系，部分专业性强、检修频率低、不涉及行车安全的检修任务可委托社会专业力量，以达到检修效果好、节约上海市域铁路系统人力物力的目的。

3.0.9 综合维修设施宜结合车辆基地进行设置，共享生活生产相关配套设备和设施。

3.0.12 车辆基地的围蔽设施一般有围墙、栅栏、篱笆、铁丝网等形式。具体何种围蔽形式可根据工程具体条件确定。

3.0.13 消防车道应根据国家标准《建筑设计防火规范》GB 50016—2014设置。路面宽度应根据国家标准《厂矿道路设计规范》GBJ 22—1987和《工业企业总平面设计规范》GB 50187—2012设置。

4 动车组

4.0.1 列车编组根据客流预测、设计运输能力、线路条件、环境条件及运营组织等要素确定，列车编组是决定车站到发线及站台长度、动车段（所）检修区作业长度的主要依据。上海市域铁路既要考虑与国铁互联互通，又要解决客流差异较大的问题，故可考虑4、6、8几种编组型式，不宜大于8辆编组。

4.0.2 供电制式考虑市域铁路速度等级较高，参考既有城际、市域铁路建设情况，明确为AC25 kV、50 Hz。如果确有不同供电制式线路贯通运营需求，可选用双流制动车组。

4.0.4 动车组主要技术参数规定了车辆长度、宽度、高度、定距、车门数量、轴重等，这些参数与隧道及桥梁断面、站台长度、站台门布置、到发线长度等基础设施有密切关系。统一这些参数有利于实现车型的简统化，有利于实现不同线路之间的互联互通。

4.0.6 长短编组混跑的线路，应明确不同编组故障动车组的救援方案。

4.0.7 状态修是根据动车组的运用状态确定每次检修作业内容。计划性预防修是根据动车组的性能等技术参数事先确定检修周期，当动车组达到检修周期规定的走行公里数或运用时间后进行检修。状态修属于事后修、非计划性检修；计划性预防修属于事前修、计划性检修。仅采用状态修，则可能发生未达到检修限度时也进行了检修现象，造成检修资源的浪费。采用状态修和计划性预防修相结合的制度，既可以均衡检修作业计划，合理安排检修作业人员，也能充分利用动车组及检修资源，尽可能地延长动车组使用寿命，是目前较为先进的检修模式。

4.0.8 综合行业标准《城际铁路设计规范》TB 10623—2014和中

国铁道学会标准《市域铁路设计规范》T/CRSC 0101—2017等，动车组检修维护要求基本一致，均明确动车组检修宜分为一、二、三、四、五级修。

动车组一～五级修程的检修范围如下。

一级检修：在运行整备状态下，完成消耗部件的更换、调整和补充等，通过人工目视和车载故障诊断系统对动车组主要技术状态和部分技术性能进行例行检查检测。

二级检修：在一级检修的基础上，增加部分检修项目，同时提高检修程度，并通过车载故障诊断系统对车上所有设备进行检测和性能试验。按相应检修周期，进行车轴超声波探伤、踏面修形、电气回路绝缘检测、牵引电机绝缘检测和车下电器过滤器类部件清扫除尘等专项检修。

三级检修：在完成二级检修项目的基础上，更换转向架，并对更换下来的转向架及其主要零部件分解检修。

四级检修：对动车组各主系统进行分解检修、特性试验；必要时，进行车体的涂装。

五级检修：在完成四级检修项目的基础上，对动车组全车进行分解检修，较大范围地更新零部件，并进行车体的涂装。

4.0.9 检修维护周期的确定是参考目前城际动车组、市域动车组的运用经验制定，其中一级检修运营公里数的计算参考长株潭、成灌、温州市域等若干线路运行数据积累确定，时间间隔以各城际动车组检修维护间隔为依据制定。高级修修程以目前城际动车组规定执行，远高于市域铁路设计规范标准要求。

对比分析如下：地铁设计规范中要求的检修周期及修程划分(表 1)，与上海市域铁路设计规范差异较大，运行公里数明显偏低，每天仅 300 km 左右，与城际、市域动车组实际日均运行 800 km～1 400 km(以上海机场线估算，线路运行时间约 18 h，考虑每列执行交路占总数的 2/3，约 12 h～13 h，列日均里程 800 km～1 000 km)的现状差距较大，不建议采用。市域铁路设计规范中的时间间隔、运行公里数虽然较地铁车辆高(表 2),但与目前城际动车组执行的标准差距较大。为降低检修维护成本,建议参考目前已经执行的标准从严制定。

表 1　地铁车辆检修修程和检修周期

类别	检修修程	日常维修和定期检修周期指标		检修时间(d)
		走行里程(万 km)	时间间隔	
定期检修	大修	120	10 年	35
	架修	60	5 年	20
	定修	15	1.25年	7
日常维修	三月检	3	3 月	2
	双周检	0.5	0.5月	0.5
	列检	—	每天或两天	. —

表 2　市域宽体车辆修程和周期

类别	检修修程	日常维修和定期检修周期指标		检修时间
		走行里程(万 km)	时间间隔	
定期检修	五级修	180～240	12 年	45 天
	四级修	90～120	6 年	35 天
	三级修	45～60	3 年	15 天
日常维修	二级修	1.5～20	1～12 个月	8 小时
	一级修	0.15	2 天	2 小时

各修程库停作业时间说明:一级修维护时间参考长株潭、广珠等城际动车组检修时间确定;二级修检修时间参考高速动车组、城际动车组目前正在执行成熟方案,采用根据项点分包执行

的方案，为减小时间占用，部分项点可结合一级检修同步进行，因此采用累计年均占用时间计算，以中国标准动车组数据为基础，结合动车组频繁起停、快速乘降等运营特点，对牵引、制动、侧门等关键系统的二级检查频度适当调整。因主要部件配置与高速动车组基本一致，高级修检修时间参考已进行过高级修的和谐号动车组、城际动车组的实际检修时间确定。

5 资源共享

5.0.2 集中检修、分散存放是借鉴国铁动车设施的设置原则。合并设置、综合利用是结合上海市域铁路的特点。合并设置是指综合维修设施与车辆基地合并设置，有利于部分生产生活设施共用，集约用地，资源共享；综合利用是指车辆基地根据所处地理位置，考虑预留综合开发的条件。

5.0.3，5.0.5 自主维修是指上海市域铁路自行配备维修机构、人员、场地、设备等，进行相关设备设施的维修。委托维修是指委托国铁或地铁有关机构、设备厂家或社会力量等进行相关设备设施的维修。自主与委托相结合是指上述两种维修管理模式共同存在。

5.0.4 片区化管理是指不以运营线路为配置基础，而是按互联互通的原则进行多线全网布局，一处车辆基地承担管辖片区内多条线路配属动车组的运用、存放等作业。

6　功能和规模

6.0.3　本条明确了配属动车组数量的计算方法，运用动车组数量可根据动车组周转图(表)排布得出，或由行车专业提供。备用动车组数量一般可按运用动车组的6%取值。

7　选址及总平面布置

7.0.2　由于动车组出入段频繁，如采用折角方式出入段，则影响出入段能力，尤其在早晚出入段高峰时段，会造成动车组出不去、进不来的现象；如果出入线切割正线，不仅影响正线通过能力，还容易造成事故。因此，本条对车辆基地与车站衔接布局、出入线设置要求作出了规定。

7.0.3　关于车辆基地总平面布置：

1　由于车辆基地占地较大、投资高，故在符合运输需要的前提下，设计规模要统一规划、分期实施，以节约投资。对于今后扩建不影响正常生产和周围环境时，其股道、房屋建筑和机电设备等可按近期需要设计；总平面布置要考虑工艺布局及运用管理的需要；用地范围应按远期规模确定，以免远期工程实施时征地困难，影响整体布局。

3　车辆基地平面布置形式一般有纵列式和横列式两种（见图 1 和图 2）。采用何种形式，受车辆基地总规模（指远期规模）和地形条件两方面的限制。当车辆基地总规模较大、存车数较多时，考虑到列车的到发次数以及检查、检修车在检修线群和存车线群之间的转线次数增多，为缩短段内作业时间，采用纵列式布置为宜；在车辆基地总规模较小、存车数较少时，所内转线作业的干扰较少或受场地条件限制，将到发存车线群与检修线群横列配置，可使得总平面结构紧凑，并且在经济上也比较有利。

对于上海市域铁路来说，车辆基地选址、用地都比较困难，很难实现纵列式布置，而运用所规模往往比较大，如果采用横列式布置又会导致作业效率极其低下，甚至无法在规定时间内完成一级修作业。在此情况下，提出了横纵结合式布置形式，即对应

1 条检查库线设置 2 条～3 条存车线(图 3),既缩减了用地长度,又兼顾了工艺流程,是为了平衡用地条件和作业效率的折中方案。

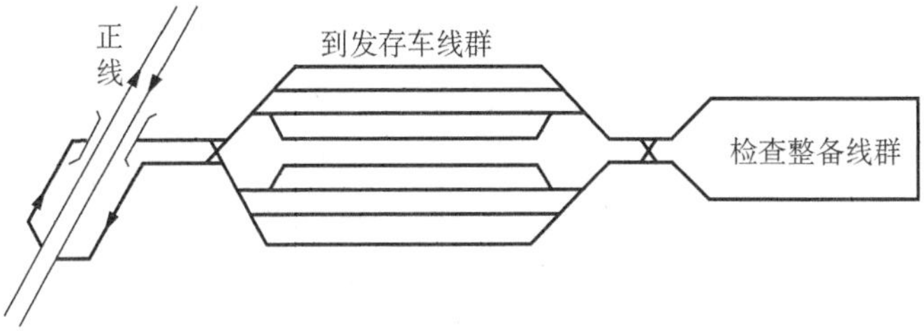

图 1　纵列式布置

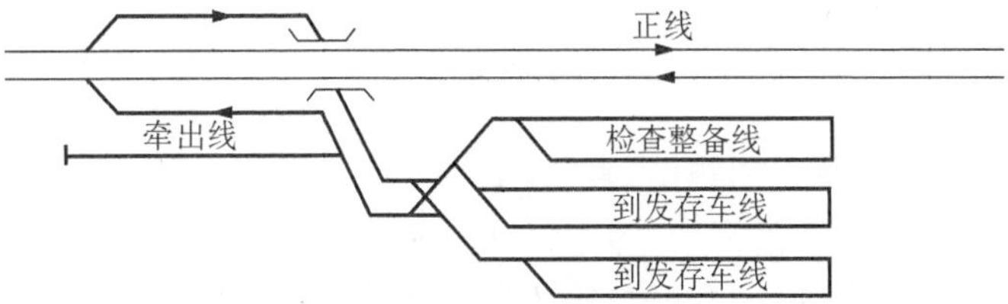

图 2　横列式布置

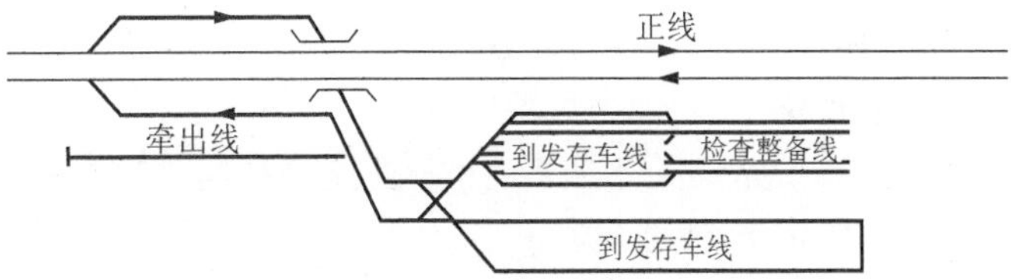

图 3　横纵结合式布置

采用何种布置形式,不仅需根据车辆基地远期规模及动车组检修作业流程,结合具体地形条件来确定,而且当近远期规模相差较大时,平面布置要考虑工程分期实施的可行性,留出施工空间以减少运营干扰。一般来说,动车段多为纵列式布置,运用所规模适中时，建议采用横纵结合式布置，运用所规模较小且用地有限时可采用横列式布置。

国家铁路目前已投产动车段（北京、上海、广州、武汉）均为纵列式布置，动车运用所也多为纵列式布置（如北京西、郑州、杭州、广州东、汉口等），只有上海南运用所由于地形条件限制，采用横列式布置，从运营情况来看，由于与车站共咽喉区，对动车组运用效率有较大影响。国外动车段（所）新建时一般均采用纵列式布置形式，在利用既有设施改建成动车段（所）时，由于受到地形的制约，也有采用横列式的实例（如法国的沙地翁）。

7.0.5 关于车辆基地内线路数量：

1 车辆基地出入线数量是参考国铁动车设施出入线数量实际情况确定的。如果出入线切割正线，不仅影响正线通过能力，还容易造成行车安全事故，故规定了出入线与正线宜采用立体交叉。

2 按动车组周转图（表）排定最大存车线数量是为了符合高峰时段停留车数的需要，由于设计时所铺画的动车组周转图与实际运营的周转图会存在差异，故在具体工程设计中存车线数量还需加上备用车数，以保证留有裕量。

3 检修（检查）库线计算时应结合线网规划确定规模。检查库内采用立体作业平台，设置偶数条库线可以共用平台等辅助配套设施，增加投资不多，能力可翻倍。

参照《上海铁路局关于实施〈上海铁路局高速铁路运用检修设施建设标准指导意见（暂行）〉的函》（上铁师函〔2016〕1266号）及《上海铁路局动车组运用检修设施建设标准指导意见（暂行）》，存车线能力应与检查库线能力相匹配，每列位检查库线可相应配套4个～7个标准组存车列位。标准组是指8辆编组的动车组。

4 外皮清洗装置目前清洗效率约为每小时4标准组，理论上，按一班作业时间8h计算，1台装置一班能清洗32标准组。但由于动车组清洗作业只能在动车组回基地后进行(大部分夜间),受到车辆基地内洗车线有效长、调车作业、气候温度等因素影响,外皮清洗装置的闲置时间较多,能力没有充分发挥,故车辆基地清洗线数量应根据运营情况,根据实际清洗作业时间来确定。

5 根据国铁动车段(所)的建设运营实践经验,临修库线一般配置1条。随着动车组性能逐年趋于稳定,临修库使用频率逐年降低。检查库线数量特别多的车辆基地(如大于10线),可以适当增加临修库线数量。

6 不落轮镟库线数可根据具体情况按下式计算确定:

$$H_X = S_X \times T_X \times \beta \times F_X / (C_X \times D_X \times 8) \tag{1}$$

式中:H_X——不落轮镟库线数(条);

S_X——年走行公里(km);

T_X——1列动车组镟轮作业时间(h);

β——不均衡系数,取值范围为1.0~1.2;

F_X——班制系数,单班制取1,两班制取2;

C_X——镟轮周期(km);

D_X——年工作天数,取250(d);

8——一班工作时间1(h)。

7.0.6 关于车辆基地内线路长度:

1 安全距离根据相关信号地面设施要求确定,包括列控模式、信号机及应答器设置要求等,详见本标准第15.13节。存车列位间的分隔标识是指停车标、分隔信号机等。

2 车体外皮清洗线长度为库前后各1列车长(本标准1列车长均指远期最大编组的动车组长度)加清洗设备长度,可以满足清洗时(包括头车清洗)不压岔(即不影响相邻股道作业)的要求。

3 人工清洗线的作用,主要是针对上线运营了一段时间的动车组机洗装置不到位的局部进行人工补洗,以维持动车组的良好形象。人工清洗是整备作业的一项内容，可与存车线合设。

4 设备前后各1节车体长度的直线段为检测设备的要求，目的是保证动车组通过检测时保持车体顺直，以保证检测精度，该设备一般需配备检测棚。

5 由于动车组临修及不落轮镟作业时均为整列作业，为保证动车组的每一个转向架均能实施作业，故要求临修库线、不落轮镟库线有效长应按库前后各1列车长加安全距离设置。

7 静态调试线的设置参照我国动车组生产厂实际情况和要求确定的。目前，实际设计中静态调试库的长度与检查库相同。

7.0.7 车辆基地内线路间距按以下方法得出：

1 有作业的存车线间距按1.7 m（车体一半宽）＋1.2 m（人行道路宽1.0 m加路两侧各100 mm）＋1.7 m计算得4.6 m。

设有接触网支柱或灯桥柱的存车线线间距按不小于2 440 mm＋2 440 mm＋1 500 mm（灯桥柱结构宽度）控制，取为6.5 m。

2 整备线间距按1.7 m（车体一半宽）＋2.5 m（运输道路宽）＋1.7 m计算得5.9 m，取整为6.0 m；人工清洗是整备作业的一项内容，线间距与整备线相同。当线路间设有接触网支柱或灯桥柱时，需要再计入结构宽度1 500 mm。

4 检查库内股道线间距7.0 m～8.0 m。库线间设平台需8.0 m；库线间不设平台需7.0 m；库线间设4 m宽消防通道需7.5 m。

5 检修库线间距根据检修工艺不同而有所区别。8.0 m～12.0 m综合考虑了各种检修工艺情况得出。

7.0.9 本条根据机械师巡检要求制定。采用步行板或细石道砟后要注意股道间排水沟的设计。司乘人员登车台主要是供动车组乘务员上下车使用，注意符合建筑限界要求。

8 运用设施

8.0.2 走行部检测设备包括日常动态检测系统(LY 轮对故障动态检测系统,设在入段线上)、定期在线检测系统(LU 移动式轮辋轮辐探伤系统、LX 便携式相控阵轮辋探伤仪,设在检查库线)和定期落轮检测系统(LA 固定式轮辋轮辐探伤系统,设在轮对检修线,一般在动车段配置),实现对轮对踏面表面、轮辋周向和径向缺陷、轮缘顶点至根部径向缺陷全覆盖检测。动车组运行安全监测系统包括动车组运行故障图像检测系统(简称 TEDS)、动车组轴承故障动态检测系统(简称 TADS)等。

8.0.3 关于检查库设计:

1 检查库长度公式适用于非全自动运行的情况,全自动运行情况下的股道有效长及安全距离应满足全自动驾驶模式下的信号要求。车库两端横向通道宽度在困难情况下,可酌情压缩至 4.0 m~4.5 m。

4 动车组作业内容不同(主要指是否设起吊设备),决定了检查库的高度不同,检查库屋架下弦高度的规定主要考虑检修人员登顶作业的便利和安全要求、接触网高度的影响、检查库高度对建筑美学及检查库整体通透的影响。结合上述因素,屋架下弦高程宜为7.8 m。

5 检查(检修)库前直线段主要取决于动车组头车转向架中心距大小,CRH 市域动车组为17.5 m,故库前直线段长度确定为 20 m。当直线段不足时,可采取扩宽库门或者其他方式解决。

8.0.4 关于检查库内设备:

1 动车组一般采用自走行入库方式,故规定了库内应设接触网。由于动车组一、二级修需要进行登顶作业,为保证作业人员安全，届时应将接触网断电，因此，规定了检查库前应设置接触网分段绝缘器、带接地的隔离开关，库内应设与隔离开关联锁的声光警示装置，以实现安全生产。检查库采用 1 线 2 列位布置时，为避免一列动车组作业时对另一列位动车组作业产生影响，规定在两列位之间应能独立供断电，并设置分段绝缘器。

2 柱式检查地沟相对于壁式检查地沟而言，具有更开阔的空间，对于提高作业效率、改善作业环境具有显著作用。一般来说，检查库、调试库股道均采用柱式检查地沟，调机工程车库股道采用壁式检查地沟。

8.0.6 临修库作业包括转向架、车下部部件、车顶受电弓、空调等更换作业，其长度除考虑进行转向架或车下部部件更换作业外，还需考虑相邻车的车顶部件更换作业。工程设计中，临修库长度一般不小于 60 m。

临修库内设置车顶检修作业平台、转向架更换装置等，库内地面可低于轨面0.95 m～1.10 m、配套柱式检查地沟，库内设起重设备，临修库的高度一般为 9 m。

8.0.7 关于不落轮镟轮库设计：

目前，不落轮镟设备有双轴和单轴不落轮镟床两种。单轴不落轮镟床造价低、加工效率低；双轴不落轮镟床造价高、加工效率也高。从国铁动车运用所运营实践看，不落轮镟轮床使用频率较高，在具体工程设计时，可根据检修作业量的大小配备双轴或单轴不落轮镟床。

1 根据国铁使用经验，采用公铁两用车牵引加工轮对，镟床使用效率高。

2 不落轮镟轮设备基础前后各设 1 节车体长度的整体道床可为保证加工精度创造条件。

4 当不落轮镟轮库设起重设备且与临修库合设时，可共用起重设备。

8.0.8 由于受电弓检测设备需设置在车顶，轮对踏面诊断设备宜与受电弓动态检测设备合设在一处，可利用轮对踏面诊断设备挡光棚顶布置，便于安装管理，也节省安装费。

8.0.9 由于车体外皮清洗装置用水量大，洗刷水回收利用可节约水资源，符合建设节约型社会的要求，但清洗水回收率目前尚无统一的数量规定。在工程设计中，建议按不低于60%设计。此外，进行上盖开发的车辆基地的清洗线需要进行接地保护，确保人身和设备安全。

9 检修设施

9.0.2 本条是参考国铁动车段检修厂房情况规定的。动车段检修厂房构成如下：

北京动车段：静调库及三、四级修库，五级修库（含部件检修），转向架检修库，涂装库。

广州动车段：三级修库（含部件检修），四、五级修库（含部件检修），调试库，转向架检修库，涂装库。

武汉动车段：三级修库（含部件检修），四、五级修库（含部件检修），转向架检修库，部件解体组装库，车体检修库，涂装库。

上海动车段：三级修调试库，转向架检修库，四、五级修库（含部件检修），车体检修库（含涂装）。

9.0.4～9.0.9 这几条规定了动车段检修库的设计原则及范围，检修库具体尺寸由于检修工艺的差异而各不相同。检修库的高度根据各自的工艺确定，主要取决于库内起重机设置要求，起重机走行轨顶高程一般为8.4 m～10.2 m。

9.0.14 关于动态试验线：

1 列车长度是指远期最大编组。

3 符合试车条件的正线：①试车区段应为平直线路；②试车区段线路有效长度应满足车辆性能和技术参数的试车作业需求；③试车区段应满足列车最高运营速度性能与信号接口的试验要求。最高试车速度不低于 60 km/h 是按照 200 km/h 速度等级的动车组牵引特性恒功区间确定的，160 km/h 及以下速度等级的动车组试车速度可按 50 km/h 设计。

9.0.15 检修设备主要包括转向架升降设备、构架翻转设备、构架探伤油漆设备、转向架静压试验设备、转向架动态试验设备、轮对自动检测设备、轮对磁粉探伤设备、轴承退卸设备、轮轴分解压装设备、齿轮箱跑合试验设备、轮辋轮辐探伤设备、轮对动平衡设备、轮对跑合设备等。

10 综合维修

10.1 基本要求

10.1.1 强调综合维修设施及设备的配置原则，即须结合市域铁路综合维修的特点进行设置。

10.1.2 综合维修涉及专业较多且专业性较强，对综合维修配套工种性价比不高的专业可考虑外委，以节省投资。

10.2 车间组成与设施

10.2.4 工务车间负责全线轨道、道岔、路基的经常性巡视、检查、养护及一般的紧急处理工作。

10.2.5 供电车间是全线供电系统的维修和管理单位，其职能是保证为市域铁路系统的安全可靠和不间断供电。其规模宜按满足主要供电设备的中、小修考虑；供电设备检修、检测、试验方式以现场为主，回送车间检修为辅。接触网的维护、检修和检测以巡检车辆为主，人工巡检为辅。

10.2.6 通号车间是全线通号系统的维修和管理单位。其中通信分车间负责通信地面及车载设备的定期保养、现场换修及事故抢修；信号分车间负责信号地面及车载设备的定期监测和维护，并根据控制中心调度的命令及时处理一般性故障、更换坏旧设备，保障正常运营。

10.2.7 机电车间是全线机电系统的维修和管理单位，机电系统包括给排水系统、环控系统、车站机电设备（电梯、扶梯）等。巡检工区主要负责地铁全线机电设备的巡查、定期保养、现场检修、更换及事故抢修等任务；修配工区主要负责机电系统的部件修理和测试任务，并承担一些简易配件制作任务。

10.2.8 自动化车间是全线自动化系统的维修和管理单位。自动化系统包括环境与设备监控系统（BAS）、火灾自动报警系统（FAS）、自动售检票系统（AFC）等。

10.2.9 建筑车间由建筑工区、桥梁工区、隧道工区组成。

1 建筑工区负责全线建筑、构筑物以及装饰、导向标志等工程的巡检、维护和计划修理工作；桥梁工区负责全线桥涵的巡检、维修、养护、清洗、清扫、堵漏工作；隧道工区承担全线隧道的巡检、堵漏、清洗和清扫工作。

11　物资总库

11.0.2　市域铁路线网规模及形态的不同，对物资仓储的规模及布局均有影响，应对整个线网物资存储和供应进行统筹规划，可集中设置线网性的物资总库。

11.0.8　具有网络资源共享或特殊功能需求的物资总库设置自动化立体仓库，可满足物资总库存储量大、存储物资种类繁多及物资存取频率高的需求。

12 培训中心

12.0.4 随着市域铁路的发展，对建设高素质技能人才队伍越来越凸显需求，根据需求增设相应模拟培训设施设备，可以建立高效的实训演练平台。

13 救援与抢险

13.1 基本要求

13.1.6 市域铁路线路长，跨度大，车辆基地救援点宜考虑各线路资源共享，在无法满足救援到达时间要求的情况下，在区间或车站另行设置救援点。

13.1.7 市域铁路线路长、站间距较大，在考虑救援点数量的同时需考虑设施设备及人员经济性，故救援点至救援现场所需时间在参照城市轨道交通救援常规时间经验的基础上适当增加，按不大于 30 min 考虑。

13.2 救援设施设备配置

13.2.1 设置救援办公室是为了便于全线集中管理，确保及时、准确地处理事故。

13.2.2 为保证设备设施的可靠性，保证救援随时需要，设置救援设备存放和维护检修用房，且可以快速出入车辆基地。

13.2.3 利用车辆基地和综合维修中心的车辆包括调车机车和接触网检修车等作为救援用车的一部分，可以充分利用既有设备，节约投资。

13.2.6 列车救援设备投资大，使用率低，宜按照线网资源共享为原则统筹配备，提高使用率，降低投资造价。

14 其他设施

14.0.3 随着国内外正在推行车辆的在线检测技术，在运营过程中发现故障可以第一时间通知车辆基地，车辆基地控制中心(DCC)与运营控制中心(OCC)合并设置可以提高生产指挥的效率。当运营控制中心(OCC)与车辆基地控制中心(DCC)合设于车辆基地时，为运维一体化创造条件，提高运维效率。

14.0.14 定员的编制除与管理体制和组织机构有关外，还与工作性质和工作班制密切相关，工作性质和工作班制取决于线路运营和检修需要，线路连续运营时间较长，维护检修一般在晚上进行，定员的编制应考虑这些因素。

15 相关专业设计

15.1 站 场

15.1.1 长时间停留动车组线路包括不落轮镟轮库线、临修库线。由于动车组长时间在曲线呈停止状态，为保障安全，规定长时间停留动车组的线路曲线半径不宜小于 400 m。

15.1.2 动车走行线线路平面最小曲线半径困难条件下不应小于 300 m，是考虑行车速度、铺设无缝线路、钢轨磨耗等综合因素确定的。

15.1.4 一般情况下，道岔前后直线段长度按不同半径的曲线轨距加宽值、轨距加宽递减率为 2‰所需长度考虑的。当曲线需设超高时，其顺坡率也不应大于 2‰。有条件时，可按曲线最大加宽值 15 mm 设置直线段。

困难条件下，当道岔前后直线长度较短时，轨距加宽递减率可按 3‰计算。当曲线需设超高时，其顺坡率仍不应大于 2‰。

对混凝土枕道岔，由于 $L'_{长}$ 范围内的轨枕承轨槽与螺栓孔是按道岔结构固定设计的。

当道岔前后均设置曲线轨距加宽和超高时，应按二者的最大值，在同一直线段范围内设置。

15.1.6 困难条件下，为体现技术经济合理性，规定动车走行线坡度不应大于 35‰。

15.2 路 基

15.2.4 基床是指路基上部受到列车动力作用和水文气候变化影响较大的一层、路基面以下0.5 m影响深度。在我国南方地区，一般都不大于1.0 m，东北个别地区其影响深度可达3.0 m左右。结合上海的气候情况，同时参考铁路站场路基的标准，本标准采用基床表层厚0.3 m、基床底层厚0.9 m、基床总厚度1.2 m的标准。

为减少基床病害的发生，除改善排水条件、提高基床土的压实密度外，主要应选用渗水性较好的土质作为基床土的填料。

根据铁科院和南方各路局的调查资料，路基基床病害多发生在基床为细粒土及易风化泥质胶结的软石范围内。强风化至全风化的泥质胶结的软块石不应作为基床填料；塑性指数不大于12，液限不大于32%时，细粒土尚符合基床底层的要求，不易发生病害，否则应采取改良土质或换填砂砾石等措施。

15.2.5 路堤基床底层以下路基本体部分选用A、B、C组填料均可。限制使用D组土作填料，主要是由于这些土遇水易崩解软化，强度急剧降低，膨胀土还具有吸水膨胀、失水收缩和反复变形的特性。如当地无A、B、C组填料时，除应做好排水防止地表水和地下水浸入堤身外，还应根据D组填料的特性进行土质改良。

15.2.6 软土地基上填土的稳定性随时间变化有如下的规律，见图4。

从图4中可以看出，在填筑至设计高度的瞬间，其稳定性是最低的。随着软土在填土荷载作用下的固结压密，稳定性又逐渐增高。为提高较高路堤施工期的稳定性和安全度，施工期间，路基稳定安全系数可根据地基处理方式采用1.05～1.10。

列车荷载(包括上部建筑)对软土路基的稳定性是有影响的，对路基本体的应力水平影响比较大。有荷载以后路基的应力水平影响明显提高，对地基也有一定的影响。总之，上部荷载会降

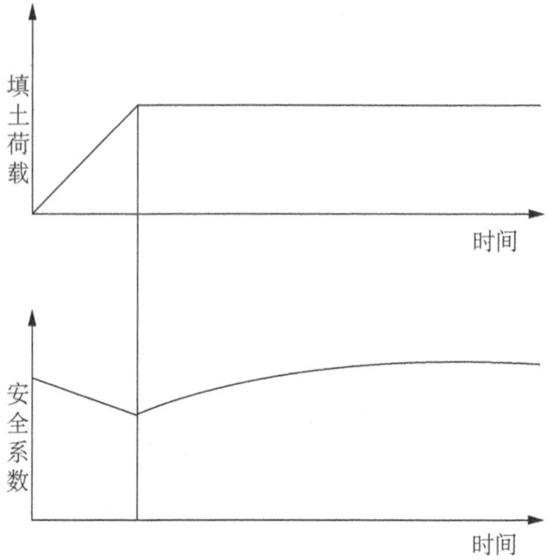

图 4　填土稳定性随时间变化曲线

低路基的稳定性。因此,运营期间路基稳定安全系数可根据地基处理方式采用1.10～1.15。

研究与实践经验表明,路堤稳定安全系数取值标准,直接影响路基工后沉降量和地基加固费用。稳定安全系数越低,地基土的性状也越接近于塑性状态,这时沉降总量增加,而地基加固措施则较轻;反之,沉降总量减少,而地基加固措施则重,这对工期或工后沉降控制要求不高的路基,又是较奢侈的。因此,为合理的控制地基加固的投资规模,又能较好地控制路基工后沉降量,规定路堤的稳定安全系数按不同的建设时期及地基处理措施分别取值。

地基不仅应有足够的强度来保证路基的稳定,同时还应有一定的刚度,以保证路基竣工后不致产生过量下沉,影响线路轨道的稳定平顺。路基建成后发生的变形、沉降主要有路堤(主要是基床)在列车荷载作用下发生的变形、路堤本体在自重作用下的压密沉降、支承路基的地基压密沉降。在路堤填料的材质与施工质量有保证的前提下，前两部分的数值是有限的，因此控制路堤沉降主要是指控制地基的工后沉降。由于软土具有压缩性大、渗透系数小、固结时间长等特性，路堤建成后，不仅沉降量大而且需延续较长时间才能完成，路基工后沉降量的规定和取值，将直接影响到工程造价和线路的使用性能。不同铁路等级、不同的列车运行速度对线路轨道的平顺度和运营养护维修对路基工后沉降量控制都有相应的技术标准和要求。

由于桥台与台后路基的工后沉降不同会造成轨道不平顺，这对列车的平稳运行非常不利，同时使该处的轨道结构不易保持稳定，维修工作量大增。速度越高，其不利影响越明显。因此，对桥台台尾一定范围内的路基，容许工后沉降值比一般地段要小。

15.2.8 路基边坡防护一般不采用全坡面圬工防护。结合上海市的特点，路基边坡一般可采用骨架或空心砖结合绿色防护的形式。

15.2.9 在支挡结构选型时，要依据发挥各类支挡结构形式自身优点、规避缺点的原则合理选用。

15.2.11 路基面上的各类站后设施工程的施工一般滞后于路基工程，需要在路基工程施工时预留条件，系统规划、统筹实施，避免进行二次开挖，造成路基及排水系统的损害。

15.3 轨 道

15.3.2 根据国铁动车段(所)的经验，轨道桥由 60 kg/m 钢轨和钢柱组成，纵向柱距1 786 mm(14×1 786＝25 004，25 m 定尺长钢轨＋1/2 轨缝 4 mm)。

15.3.5 钢筋混凝土枕一般分为短轨枕和长轨枕。短枕埋入式整体道床施工简便，但轨底坡和轨距不易控制；长枕埋入式整体道床需纵向筋穿孔，施工略为复杂，但质量较易控制。

15.3.6 有砟轨道弹性好，但几何形位不易保持，后期养护工作量大；无砟轨道刚度大、结构稳定，后期养护维修工作量小，但轨道几何形位只能依靠扣件调整。无砟轨道设计要点：一是需要有稳定的轨下基础；二是需选用调高量较大的弹性扣件。

15.3.8 钢轨接头是轨道的薄弱环节，无缝线路平顺性好，不仅可大大减少轨道养护工作量，亦可减小车辆运营费用，有条件时宜尽量铺设无缝线路。

15.4 建 筑

15.4.3 车辆基地主要生产房屋根据使用功能的不同进行分类，建筑类别及耐火等级可参考现行行业标准《铁路工程防火设计规范》TB 10063的相应规定，并结合市域铁路特点增加存车库的火灾危险性分类（表 3）。

表 3 主要生产房屋火灾危险性分类

类别	生产房屋
甲	乙炔瓶存放间、酸性蓄电池充电间，危险品仓库、易燃品库
乙	闪点小于 60℃的燃油库、油泵间，喷漆库、油漆库、漆工间、浸漆干燥间、配件油漆间、滤油毛线间、氧气站、喷漆及预处理库
丙	闪点大于或等于 60℃的燃油库、机油库、油泵间，油脂发放间、齿轮箱抱轴承间、油脂再生间、劳保用品库、杂品库、动车检查库和检修库、空调车三机综合作业棚（库），发电机间、配电装置室（每台设备油量 60 kg 及以上）、油浸变压器室，有可燃介质的电容器室，变压器油过滤间、变压器油库、内燃叉车库、客运备品库、电缆夹层（一般电缆）、货场和综合维修库段（工区）内的油库、试验组合（联合）车库、物资库，工程车库（轨道检修车、内燃机车、平板车等）
丁	信息机房、通信机房、信号机械室、车辆安全防范预警系统机械室，机车中修库及小修库、机车停留库，空气压缩机间、干砂间、柴油机间、电机间、电器间、转向架间、轮轴间、清洗间（使用工业清洗剂）、货车修车库、站修棚（库），大型养路机械检修库和停放库（棚）、锅炉房、锻工间、熔焊间、配件加修间、车电间、金属利材间、电瓶叉车库、化验室、调机库、滚动轴承间、空调车三机检修间、制动间、油压减震器检修间、燃系间、燃料器械间、小型配电装置室（每台装油量小于或等于 60 kg 的设备）、气体或干式变压器室、干式电抗器室，小五金库，检修组合（联合）车库、准备库、存车库

续表3

类别	生产房屋
戊	机床间、冷却水制备间、轴承检查选配室、受电弓间、配件库、设备维修间、机械钳工间、工具间、材料仓库（非燃材料）、计量室、仪表间、碱性蓄电池间、钩缓间，检修交车棚、洗车库、变电所控制室、电缆夹层（阻燃电缆）

市域铁路动车组、国铁动车组、地铁车辆三种常用制式列车车辆的材质及构造的主要区别见表 4。

表 4　市域铁路动车组、国铁动车组、地铁车辆的车体构造差异对比

类别	市域动车组	国铁动车组	地铁车辆
座椅	不锈钢/玻璃钢	软座；阻燃织物	不锈钢/玻璃钢
车体自带牵引变压器设备	油浸变压器，油为硅油，难燃	油浸变压器，油为硅油，难燃	1 500V 电源的地铁车辆不含有此项

市域铁路动车组、国铁动车组、地铁车辆的主要区别为座椅材质和车体自带的油浸变压器设备。市域铁路存车库的功能主要是列车停放、整备清扫，不具有检修、试验功能，列车停放后车内设备停止运行，属于常温下使用或加工难燃烧物资的生产，符合国家标准《建筑设计防火规范》GB 50016—2014（2018 年版）第 3.1.1 条中火灾危险性丁类的要求。类比地铁车辆停车库（与市域铁路存车库功能相同、座椅相同）火灾危险性一般为戊类，国铁机车（有油浸变压器）中修库及小修库、检修组合（联合）车库火灾危险性为丁类，故而将市域铁路存车库火灾危险性类别定义为丁类。

15.5　结　构

15.5.1　车辆基地内各种功能需求的房屋较多，结构设计要保证功能及工艺的需求。

15.5.4　为保证车辆基地设计的系统性，基地平纵断面布置需与接触网、雨棚支柱、站内各种建筑物和管线设施的设置综合考虑，系统协调。

为保证人身和设备安全，市域铁路采用综合接地系统，综合接地系统由贯通地线、接地装置及引接线等构成。为满足综合接地系统的总体布置，保证区间与车辆基地贯通地线的连续设置，通信、信号、电力、接触网、建（构）筑物等金属结构物能接入综合贯通地线的条件等，车辆基地在设计中要考虑综合接地系统的引入条件，避免因施工未考虑综合接地系统的预留而造成反复开挖。

15.6 通风与空调

15.6.2 面积较大或深度较深的检修坑应考虑尽量改善操作人员的工作环境，宜设置通风或岗位空调。变配电室夏季采用机械通风系统排除电气设备的热量时，排风温度应按电气专业的工艺要求确定；当电气专业未作要求时，可取 40℃。变配电室夏季需要通过机械通风系统消除室内余热，如果以夏季通风室外计算温度作为进风温度，计算通风量偏低，夏季室内温度超过设计值的风险较大，故本条规定宜采用夏季空调室外计算干球温度作为计算进风温度。

15.7 给排水与消防

15.7.3 本条规定室内给水管道敷设的位置不能由于管道的漏水或结露产生的凝结水造成对安全的严重隐患，产生对财物的重大损害。

遇水燃烧物质系指凡是能与水发生剧烈反应放出可燃气体，同时放出大量热量，使可燃气体温度猛升到自燃点，从而引起燃烧爆炸的物质。遇水燃烧物质按遇水或受潮后发生反应的强烈程度及其危害的大小，划分为两个级别。

一级遇水燃烧物质：与水或酸反应时速度快，能放出大量的易燃气体，热量大，极易引起自燃或爆炸。如锂、钠、钾、铷、锶、铯、钡等金属及其氢化物等。

二级遇水燃烧物质：与水或酸反应时的速度比较慢，放出的热量也比较少，产生的可燃气体，一般需要有水源接触，才能发生燃烧或爆炸。如金属钙、氢化铝、硼氢化钾、锌粉等。

在实际生产、储存与使用时，将遇水燃烧物质都归为甲类火灾危险品。在储存危险品的仓库设计中，应避免将给水管道（含消防给水管道）布置在上述危险品堆放区域的上方。

室内排水沟与室外排水管道连接，往往忽视隔绝室外管道中的有毒气体通过明沟窜入室内，污染室内环境卫生。有效的方法，就是设置水封井或存水弯。

15.7.5 灭火器的使用温度范围详见表5。

表5 灭火器的使用温度范围

灭火器类型		使用温度范围（℃）
水型灭火器	不加防冻剂	+5～+55
	添加防冻剂	−10～+55
机械泡沫灭火器	不加防冻剂	+5～+55
	添加防冻剂	−10～+55
干粉灭火器	二氧化碳驱动	−10～+55
	氮气驱动	−20～+55
洁净气体（卤代烷）灭火器		−20～+55
二氧化碳灭火器		−10～+55

注：灭火器的使用温度范围应符合现行国家标准《手提式灭火器》GB 4351和《推车式灭火器》GB 8109的有关规定。

15.8 动力照明

15.8.2 参考行业标准《城际铁路设计规范》TB 10623—2014第13.2.1条和国家标准《地铁设计规范》GB 50157—2013第15.5.1条，结合市域铁路中可能出现的负荷种类综合确定；消防相关用电负荷按现行国家标准《建筑设计防火规范》GB 50016相关规定确定。

15.8.15 本节中涉及的各种防雷计算方法、接地电阻的计算方法、各类计算参数的确定以及防雷、接地方式均应根据现行国家标准《建筑物防雷设计规范》GB 50057、《建筑物电子信息系统防雷技术规范》GB 50343及现行行业标准《铁路防雷及接地工程技术规范》TB 10180有关规定执行。

15.9 供变电

15.9.2 车辆基地需确保长时间不间断供电，对供电电源可靠性要求较高，应采用两回电源供电。独立电源是指设独立牵引变电所或牵引变电所出单独馈线。

15.10 接触网

15.10.1 车辆基地接触网技术标准与正线技术标准一致便于维修便利。

15.10.2 车辆基地单独供电可靠性高。存车线、作业线根据工艺要求设置分段及隔离开关，确保作业及人员安全。

15.10.3 本条规定是为了确保作业人员安全。

15.10.5 平交道口设置限界门，提醒动车组通过高度，避免接触网受损及确保动车组及人员安全。

15.10.6 设置标识有利于作业人员安全。

15.10.7 车辆基地人员、车辆活动频繁，设置防护措施保障接触网安全是必要的。

15.10.8 与土建专业协调完成的接口设计，主要包括：接触网支柱基础及下锚拉线基础的预留；合架接触网雨棚柱、库房底部等悬挂及下锚底座的预留；各类跨线建筑物底部悬挂及下锚底座的预留；接触网各类沟槽管洞的预留。与车辆专业确认动车组受电弓型号规格及间距，及受电弓配置具体要求；与结构专业确认隔离开关安装等设备安装空间；配合综合接地设计的牵头专业，完成综合接地接口设计。

15.11 通 信

15.11.3 综合视频监控系统应具备提供周界防护视觉信息的能力。周界防护设置应结合车辆基地管理需求，可单独设置视频监控系统。

15.12 信 息

15.12.6 车辆基地应满足现行国家标准《城市轨道交通公共安全防范系统工程技术规范》GB 51151 的安全防护要求，信息系统应设置统一的安防集成平台，实现对视频监控、入侵报警、电子巡查、门禁等安全防护相关系统的统一接入管理。

15.13 信 号

15.13.1 为使市域铁路车辆基地信号系统尽量与正线信号系统制式保持一致，故设置了调度集中系统、列车运行控制系统、联锁系统、信号集中监测系统、网络及电源系统。车辆基地规模较大时，可考虑单独设置控制集中系统替代调度集中系统独立完成车辆基地内的行车作业。

15.13.2 虽然正线信号机常态为灭灯，但考虑车辆基地内道岔区段基本无码，又存在频繁调车作业的需要，从行车作业安全的角度推荐车辆基地信号机常态点灯。

15.13.3 控制集中系统是针对车辆基地业务流程和用户需求的一种新型自动化系统，能够实现调度作业过程自动化，全面满足现场生产作业需求，提高生产效率与作业质量，并能与调度集中CTC系统和联锁系统接口，实现车辆基地内管理与控制有机结合。规模较大的车辆基地建议设置控制集中系统。

15.13.4 信号培训系统设备根据工程需要选择配置，非必配系统设备。

15.13.6 市域铁路车辆基地内一般为9[#]道岔，列车限速不大于30 km/h。以CRH6F动车组为例，8节编组和4节编组动车长度分别约为210 m、105 m，30 km/h最大常用制动到0 km/h的距离为39.7 m，取值40 m，停车标距离应答器暂按5 m考虑。

列车模式：①正常情况停靠一列8节编组动车组的股道有效长要求不小于300 m，停靠两列4节编组动车组的股道有效长要求不小于380 m（图5、图6）。②当车辆基地土建条件受限制时，可参照现行行业标准《列控系统应答器应用原则》TB/T 3484，在股道中间适当位置设置B点无源应答器组，保证列车越过C点绝对停车应答器组时列车速度不大于15 km/h，故C点应答器组可按15 km/h最大常用制动到0 km/h的距离进行应答器布置，适当缩短股道有效长。

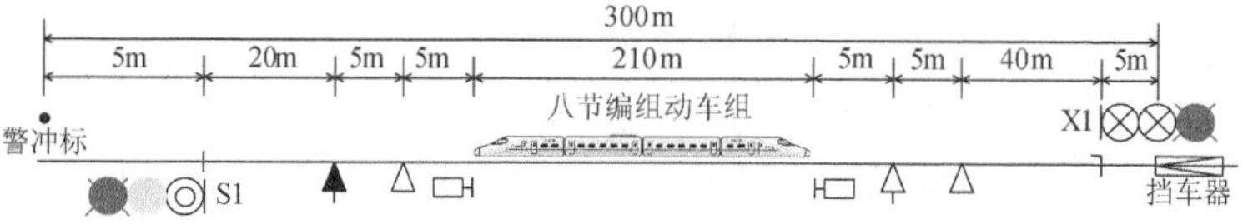

图5 8节编组列车模式股道有效长示意图

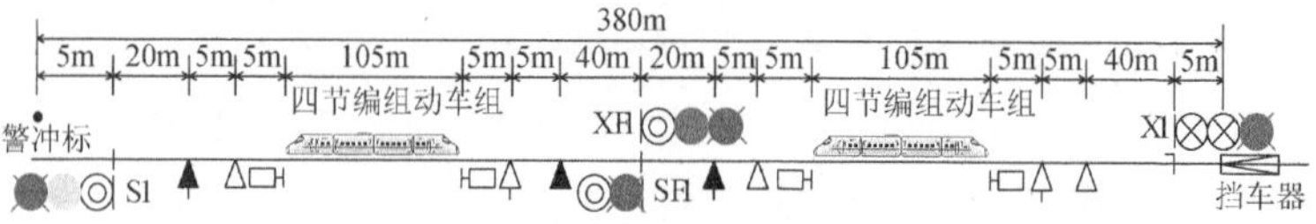

图6 两列4节编组列车模式股道有效长示意图

调车模式:停靠一列 8 节编组动车组的股道有效长要求不小于 270 m,停靠两列 4 节编组动车组的股道有效长要求不小于 320 m(图 7、图 8)。

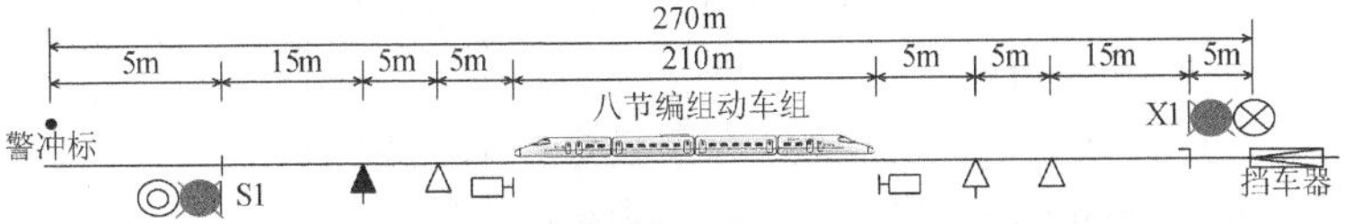

图 7　8 节编组调车模式股道有效长示意图

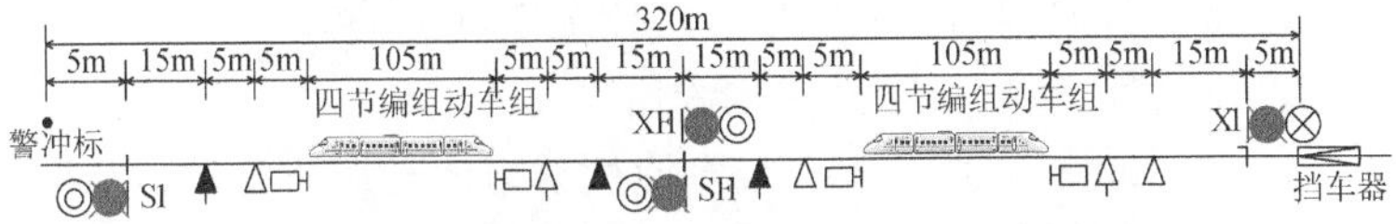

图 8　两列 4 节编组调车模式股道有效长示意图

以上股道有效长是基于 CRH6F 动车组,如股道考虑停放其他类型动车组,需结合动车组长度和制动性能统筹考虑股道有效长。

15.14　综合监控系统

15.14.2　综合监控系统可结合运营需求,利用自身作为信息平台的优势,作为车辆基地智能运维实施的平台基础,通过与信号、通信、信息、车辆、电力、环控、给排水等系统专业接口,获取各系统底层运作数据,借助相关系统的智能化技术,共同实现车辆基地运营维护智能化。

15.15　管线综合

15.15.2　本条是工程管线综合的基本原则,在特殊环境中的工程管线综合,必须采取可行的安全措施,才可以适当缩小最小水平净距和最小垂直净距以及最小覆土深度等参数。

15.15.3 车辆基地室外管线采用地下敷设安全性相对较高，而且不会影响景观，但考虑经济因素，地下敷设作为引导性要求，只是对于架空敷设可能危及人身财产安全或对景观要求高的地区，管线严格要求采用地下敷设。

15.15.4 采用城市统一的坐标系统和高程系统是为了避免管线在平面位置和竖向高程上系统之间的混乱和互不衔接。

15.15.5 本条为室外管线交叉时的基本避让原则。

1 压力管线与重力流管线交叉发生冲突时，压力管线容易调整管线高程，以解决交叉时的矛盾。

2 给水、热力、燃气等管线多使用易弯曲材质管道，可以通过一些弯曲方法来调整管线高程和坐标，从而解决管线交叉矛盾。

3 主干管径较大，调整主干管线的弯曲度较难，另外过多地调整主干线的弯曲度将增加系统阻力，需提高输送压力，增加运行费用。

15.15.7 规定室外地下管线在车辆基地综合布置时的排列次序所遵循的原则是为管线综合规划提供方便，为科学规划管理提供依据。需要说明的是，并不是所有的车辆基地都有这些种类的管线，如缺少某种管线时，在执行规范中各管线要按规定的次序去掉缺少的管线后依次排列。

15.15.8 各专业室外管线权属单位不同，重叠敷设影响管线检修及运行安全。若不能完全避免管线的重叠敷设，应尽可能减少重叠的长度，并采取加套管、斜交等技术措施保证管线安全，利于维护。

15.15.9 室外地下管线与轨道平行有利于高效利用土地，也便于管线的定位，交叉角的规定是为减少管线交叉长度。

15.15.10 本条所提出的顺序为一般的顺序，还应根据具体情况确定。但给水、再生水和排水管道交叉时，上下顺序应严格按规定执行。

15.15.12 本条规定为管线竖向规划时确定各管线高程的基础。

16 节能环保、劳动安全卫生

16.2 水污染

16.2.5 石油类油品含量超标的生产废水可采用隔油池或油水分离器处理，但对呈乳化状的含油废水宜采用气浮法处理，并达到排放标准，以防止对环境造成污染。

16.3 固体废弃物、大气污染

16.3.5 车辆基地的食堂油烟排放应符合现行国家标准《饮食业油烟排放标准》GB 18483的规定。